Poliana Okimoto

Proibida a reprodução total ou parcial em qualquer mídia
sem a autorização escrita da editora.
Os infratores estão sujeitos às penas da lei.

A Editora não é responsável pelo conteúdo deste livro.
Os Autores conhecem os fatos narrados, pelos quais são responsáveis,
assim como se responsabilizam pelos juízos emitidos.

Consulte nosso catálogo completo e últimos lançamentos em **www.editoracontexto.com.br**.

Poliana Okimoto

Daniel Takata Gomes
Helio de la Peña

Copyright © 2017 dos Autores

Todos os direitos desta edição reservados à
Editora Contexto (Editora Pinsky Ltda.)

Fotos de capa
Satiro Sodré/SSPress

Montagem de capa e diagramação
Gustavo S. Vilas Boas

Preparação de textos
Lilian Aquino

Revisão
Tatiana Borges Malheiro

Dados Internacionais de Catalogação na Publicação (CIP)
Andreia de Almeida CRB-8/7889

Gomes, Daniel Takata
Poliana Okimoto / Daniel Takata Gomes e Helio de la Peña. –
São Paulo : Contexto, 2017.
240 p. : il.

Bibliografia
ISBN 978-85-520-0013-6

1. Okimoto, Poliana 1983 – Biografia 2. Nadadoras –
Brasil – Biografia 3. Natação em águas abertas I. Título
II. La Peña, Helio de

17-0828   CDD 927.9721

Índices para catálogo sistemático:
1. Nadadoras – Brasil – Biografia

2017

EDITORA CONTEXTO
Diretor editorial: *Jaime Pinsky*

Rua Dr. José Elias, 520 – Alto da Lapa
05083-030 – São Paulo – SP
PABX: (11) 3832 5838
contexto@editoracontexto.com.br
www.editoracontexto.com.br

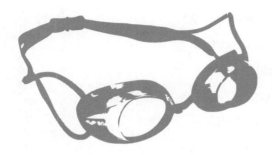

Sumário

Prefácio, **7**

Introdução: por que Poliana?, **11**

Estava escrito, **17**

Fenômeno infantil, **23**

O mal que vem para o bem, **31**

Muito mais que um treinador, **37**

Mudando de (m)ares, **43**

Princesa do mar, **49**

Sangue, suor e lágrimas, **55**

Lições de Pequim, **63**

Pioneirismo, **71**

O papel do ídolo, **79**

Águas turbulentas, **85**

Temperaturas extremas, **93**

A grande frustração, **101**

Voltando à vida, **109**

Redenção, **115**

No topo do Brasil olímpico, **123**

Dúvidas e incertezas, **129**

Longevidade, **137**

Dedicação, **145**

Caminho para o Rio, **153**

Rivalidades, **161**

Ajustes finais, **169**

A prova olímpica, **175**

Consagração, **181**

Pílulas para o sucesso, **187**

Por uma natação melhor, **197**

Epílogo: um olhar amador, **205**

Linha do tempo, **211**

Números e principais conquistas, **215**

Glossário, **221**

Bibliografia e fontes consultadas, **225**

Agradecimentos, **229**

Notas, **231**

Os autores, **237**

Prefácio

Por Poliana Okimoto

O relógio marca 18h30. Estou nesta piscina há mais de duas horas. Sem contar as outras mais de três já cumpridas no período da manhã e o tempo dedicado à preparação física fora d'água, à fisioterapia e à massagem. Já perdi a conta de quantos metros nadei. O treinador não para de gritar para me incentivar. A intensidade é altíssima e os intervalos para descanso, quase nulos. Sinto como se meu coração saísse pela boca. A dor é lancinante e difícil de colocar em palavras. Lembro-me de outros treinos tão duros quanto este, em preparações para competições nas quais não tive os resultados que queria. Penso se tudo isso vale a pena.

A descrição é perfeita para muitas das milhares de sessões de treinamento pelas quais passei. Como se vê, o sofrimento é diário. E sim, já me questionei várias vezes se tanto esforço e comprometimento faziam sentido. E sempre cheguei à mesma conclusão.

Comecei a sonhar com uma medalha olímpica aos 13 anos de idade. Era na época um talento precoce, sendo preparada para ser uma grande atleta. O sonho enfraqueceu algumas vezes ao longo do caminho. Mas a chama esteve sempre lá, às vezes apenas como uma faísca, outras vezes como uma labareda confiante.

Minha trajetória na natação nunca foi fácil, as coisas nunca vieram de mão beijada e sempre tive que lutar muito para conseguir o que queria. Sempre tive grandes objetivos e, principalmente, muita coragem para ir atrás deles. Ser a primeira a romper várias barreiras é difícil, porque nunca sabemos o que tem do outro lado, o que nos espera e o que esperar do acontecimento. Por isso me considero muito corajosa por ir atrás de meus sonhos. Sonhar é fácil, mas sair de casa todos os dias e se aventurar no impossível e improvável é para poucos. Trabalhei duro durante muitos anos, venci bastante, mas perdi muito mais. No fim das contas, não é só a vitória que importa, mas também a dedicação e o seu envolvimento no processo. Não existe sentimento melhor que o de entrar em uma competição sabendo que você fez tudo o que podia para estar lá e terminar uma prova com a sensação de que fez tudo o que podia ter sido feito. O resultado, afinal de contas, é relativo.

Nunca procurei o caminho mais curto, nunca busquei atalhos. Sempre segui o mais longo e honesto, mesmo que para isso eu precisasse treinar mais, me dedicar mais, me frustrar muitas vezes. Mas sempre com a consciência em paz e com minha lealdade ao esporte, aos adversários e às estritas regras que norteiam as competições.

Nunca pratiquei o esporte pensando na fama. Vejo muito nos atletas hoje em dia essa busca incansável de ser uma celebridade. Isso nunca foi meu objetivo. Na verdade muitas vezes fugi de entrevistas. Porém, após a medalha olímpica, e principalmente pela forma dramática como aconteceu, penso que Deus me deu uma missão de ajudar a difundir meu esporte e a encontrar e desenvolver talentos das crianças. Quantos talentos não são perdidos por falta de alguém capacitado para orientá-los?

Em minha vida de nadadora, contei com pessoas que souberam me orientar desde pequena. Por isso penso que fui moldada desde criança para ser uma grande atleta. Todo o processo também me preparou mentalmente, o que foi importantíssimo. Mente sã é corpo são. Foi isso que me ajudou a chegar aos 33 anos e ser a primeira nadadora brasileira a ganhar uma medalha olímpica.

Por isso agradeço a todos que passaram pela minha vida, técnicos, amigos, professores, patrocinadores, adversárias, clubes, orientadores e, principal-

Poliana Okimoto e sua
medalha de bronze dos
Jogos Olímpicos de 2016.

mente, minha família, que esteve comigo em todos os momentos, sempre me apoiando e acreditando, mesmo quando eu mesma já não acreditava. Obrigada! Todos os ensinamentos, aprendizados, derrotas, vitórias, tristezas, felicidades, frustrações e experiências me fizeram o que sou hoje. E hoje sou uma pessoa feliz, realizada e pronta para mais.

A conclusão dos pensamentos do início do texto é: sim, a rotina extenuante e sacrificante de muitos anos valeu a pena. As derrotas não foram poucas e por vezes demorei a me encontrar. Mas, nos momentos difíceis, me recordo do gosto de uma vitória, de uma medalha, de uma superação. E o pensamento é sempre o mesmo: "quero mais". É como um vício que me move. Não existe sensação melhor. E penso que todos podem experimentar tal sentimento naquilo que se propõem a fazer.

Espero que minha história possa inspirar e de alguma forma ajudar a entender que nunca é tarde para buscarmos aquilo que almejamos.

INTRODUÇÃO
Por que Poliana?

Por Daniel Takata Gomes

Copacabana, princesinha do mar.
Ao menos é assim que a famosa praia carioca é descrita pelos compositores Alberto Ribeiro e Braguinha, na famosa canção da década de 1930, imortalizada por grandes vozes, entre elas a de Tom Jobim.

Quase um século depois da criação do apelido que virou sinônimo da lendária praia, o Rio de Janeiro veria o surgimento de outra princesinha. Ribeiro, Braguinha e Jobim, se fossem vivos, com certeza haveriam de concordar que, se a princesinha do mar da música pudesse ser personificada, ela seria Poliana Okimoto.

Nada mais justo. Ninguém brilhou tanto nas águas cariocas quanto a nadadora. Foi em Copacabana que descobriu sua aptidão para nadar nos mares, na Travessia dos Fortes de 2005. A partir de então, Poliana, uma nadadora que fizera sua carreira no mundo das piscinas, investiria com sucesso na maratona aquática, modalidade de natação em águas abertas que vinha ganhando popularidade, e nos anos seguintes faria sua estreia em grandes competições, como os Jogos Pan-Americanos e os Jogos Olímpicos.

E Copacabana estaria, a partir de então, conectada de forma indissociável à sua carreira. Foi lá que obteve uma inesquecível medalha de prata nos Jogos Pan-Americanos de 2007, a primeira conquista do Brasil naquele evento. E também foi palco de sua consagração: a medalha de bronze nos Jogos Olímpicos de 2016. Sim, parece destino. Depois de 11 anos, o maior objetivo de sua carreira era alcançado no mesmo local de sua estreia na modalidade. E, em um esporte em que o contato físico é intenso e o jogo de corpo é frequente, Poliana sabe muito bem ser guerreira. Não se intimida com nenhum tipo de adversária, deixando para trás nadadoras maiores e por vezes violentas. Não por acaso, tem todas as conquistas que um atleta pode almejar, desde campeonatos estaduais até os de nível mundial.

Mas, quando a prova termina, os desavisados podem se surpreender. Poliana é uma das menores e mais franzinas competidoras. Comparada às suas adversárias é uma princesa, muitos diriam.

Uma princesinha do mar. Com a bênção de Copacabana.

*

A maior nadadora brasileira de todos os tempos?

Michael Phelps é o maior da história, Cesar Cielo é o maior do país. Se na natação as conquistas olímpicas representam o parâmetro definitivo para apontar a grandiosidade de um atleta, então não restam dúvidas: Poliana Okimoto, no lado feminino, é a maior do Brasil em todos os tempos. Sua medalha de bronze, conquistada em 2016 no Rio de Janeiro na maratona aquática de 10 km, foi a primeira obtida por uma mulher brasileira nas águas.

Seu feito tem ainda uma particularidade: aos 33 anos, Poliana é a segunda nadadora mais velha em Olimpíadas a subir ao pódio, atrás somente de Dara Torres. No entanto, apesar de ter sido medalhista aos 41, a americana conseguiu sua primeira láurea aos 17. Por isso, na história da natação feminina olímpica, nenhuma atleta teve que esperar tanto para ser premiada quanto a brasileira.

É realmente uma história de perseverança. E não somente pelo fato de batalhar por tanto tempo para alcançar a glória olímpica. Toda carreira é feita de altos e baixos. E, por vezes, quando estava em baixa, poucos acreditavam que reuniria forças para dar a volta por cima. E ela sempre conseguia.

Sua carreira serve de inspiração e motivação para uma legião de nadadores e, sobretudo, nadadoras. Historicamente, a natação feminina do Brasil sempre careceu de ídolos: até 2016, as 13 medalhas olímpicas conquistadas pela natação do país vieram das braçadas de homens. Assim, a medalha de Poliana pode representar uma nova era para as mulheres na natação brasileira.

Mesmo antes da Olimpíada do Rio de Janeiro, ela já era referência e tinha seus feitos alardeados. Desde 2006, quando passou a se dedicar a provas em águas abertas, conseguiu conquistas que nenhuma mulher do país havia obtido nos esportes aquáticos. Naquele ano, foi a primeira brasileira a conseguir uma medalha em um Mundial, nas provas de 5 km e 10 km – para efeito de comparação, a natação masculina nacional tinha, até aquele momento, 25 medalhas em Mundiais. Em 2007, com a estreia da prova de 10 km em águas abertas nos Jogos Pan-Americanos, foi a primeira do país a conquistar medalha nessa modalidade na competição. Em 2009, uma nova conquista inédita: o título de um circuito mundial, a Copa do Mundo de Maratona Aquática, feito que nem os homens haviam conseguido anteriormente nos esportes aquáticos. Em 2013, foi a primeira nadadora a conquistar o principal prêmio do esporte olímpico do país como a melhor atleta do ano, o Prêmio Brasil Olímpico. Seu

Poliana Okimoto: brasileira pioneira e desbravadora dos mares.

caráter pioneiro e desbravador é marcante. Abrir caminhos é dificílimo e não é para qualquer um. Depois dela, Thiago Pereira venceria a Copa do Mundo de Piscina Curta em 2010, Ana Marcela Cunha e Etiene Medeiros conquistariam medalhas em Mundiais. Mas a história tem registrado o nome de Poliana Okimoto como a primeira.

*

Poliana não inspira apenas nadadores. Em um contexto mais amplo, sua carreira é exemplo para mim, para você e para todos nós. Todos temos nossas verdadeiras vocações, algo para o qual nascemos para fazer bem. Às vezes demoramos a descobrir. A busca vale a pena. Ao sair das piscinas e brilhar nas águas abertas, Poliana é prova disso.

Mas só talento não leva a lugar algum. E isso ela descobriu cedo. Jamais faltou a um treino, a não ser por motivo de força maior, mesmo nos períodos de desmotivação. Sabia que um dia colheria os frutos do esforço. A capacidade de concentração, dedicação e renúncia em prol de um objetivo também é uma lição que ela nos deixa. Nada vem da noite para o dia. Você deve conhecer alguém que pegou um violão pela primeira vez na vida, tentou alguma coisa e cinco minutos depois o deixou de lado, com o argumento de que "não consigo, isso não é para mim". Poliana batalhou e esforçou-se por mais de dez anos, alguns deles de má fase e assombrados por dúvidas e questionamentos, até começar a ter suas recompensas na maratona aquática. Por isso, além de descobrir seu verdadeiro talento, Poliana nos ensina que foco, dedicação e vontade são fundamentais.

E é justamente a obstinação de Poliana que faz com que sua história fique mais próxima, mais palpável, mais real. Por mais dedicados que atletas como Michael Jordan, Michael Phelps, Roger Federer, Usain Bolt sejam, são pontos fora da curva em termos de talento. São os raros casos em que o universo conspirou a favor quando nasceram, tinham o corpo perfeito para o esporte que executavam e passaram por desenvolvimentos totalmente adequados para poderem brilhar quando estivessem prontos. E, para completar, também foram acima da média em termos de força mental, comprometimento e dedicação. Por isso, estão entre os maiores da história.

Ela é diferente desses quase "extraterrestres". Tanto que, por terem nascido para ser os melhores no que viriam a fazer, todos os citados alcançaram a glória em idade muito tenra. Ela, pelo contrário, precisou de muito trabalho e paciência para chegar lá. Seu maior feito é ter trabalhado seu dom e perseverado para alcançar o sucesso. Assim como Poliana, todos podemos ser bem-sucedidos em nossas áreas. Conhecer sua história de superação e trabalho pode ser o primeiro passo.

*

Não é a primeira lembrança que tenho de Poliana Okimoto, mas é uma das mais antigas e também das mais marcantes.

O ano era 1996. Na época, eu era um nadador federado da categoria Juvenil, e Poliana, da categoria imediatamente inferior, a Infantil. Ela tinha 13 anos. Nunca havia conversado com ela, mas já a conhecia pelos resultados e pelas vitórias nas competições de sua faixa etária. Era uma época em que a internet ainda engatinhava no país e estávamos longe de acompanhar os resultados de competições em tempo real.

No Campeonato Paulista Infantojuvenil de inverno, em junho daquele ano, em Santos, finalmente fui testemunha ocular de todo aquele talento. Vi Poliana vencer três provas, com recordes estaduais, e imaginava que ali nascia uma potencial estrela da natação. Minhas suspeitas ganharam mais força no Campeonato Paulista Infantil de verão, em novembro. Eu não estava presente àquela competição, por ser da categoria Juvenil. Ao ser avisado dos resultados de Poliana por colegas de equipe que retornavam daquele torneio, achei que alguma coisa estava errada. De acordo com os relatos, ela havia vencido os 200 m, 400 m e 800 m livre, com recordes estaduais de sua categoria. Até aí nada demais, apenas repetia o que fizera no campeonato anterior. O espanto era por causa dos tempos obtidos em suas provas, principalmente nos 800 m livre. Sua marca era suficiente para vencer a prova masculina e a colocava como a segunda melhor nadadora do país na temporada. Obviamente o assombro dava-se porque se tratava de uma garota de apenas 13 anos.

Quando finalmente me convenci daquele resultado, fiquei por um bom tempo procurando meu queixo no chão. Durante muitos dias aquele seu desempenho foi comentado na comunidade aquática brasileira, gerando uma expectativa sobre uma provável nadadora de nível mundial e medalhista olímpica dali a quatro ou oito anos.

A medalha só chegou vinte anos depois. E não nos 800 m livre, mas na maratona aquática de 10 km. O fato é que Poliana tornou-se, sim, uma estrela da natação.

Tive o privilégio de estar presente às duas maiores conquistas de sua carreira: o título mundial em Barcelona, em 2013, e a medalha olímpica de bronze no Rio de Janeiro, em 2016. E também àquela que foi sua maior decepção, a prova olímpica de Londres, em 2012. As três competições formam um bom resumo da carreira de Poliana Okimoto: altos e baixos, mais altos que baixos, alegria, decepção, superação, pioneirismo e glória.

Mas, sobretudo, sinto-me sortudo por ter presenciado algumas de suas memoráveis proezas quando seu talento desabrochava, naquele Campeonato Paulista de 1996. Por mais alto que a tenha visto voar, sempre volto àquela competição, na qual uma menina de 13 anos me deixou espantado e mostrou o que poderia ser o futuro da natação feminina do Brasil.

Ela nunca deixaria de impressionar nos anos seguintes.

*

Este livro é uma merecida homenagem à carreira da primeira mulher medalhista olímpica do país nos esportes aquáticos. É também uma tentativa de preservar e resgatar a maltratada memória esportiva brasileira, contextualizando seus feitos em um cenário em que brilharam Maria Lenk, Piedade Coutinho, Tetsuo Okamoto, Ricardo Prado, Patricia Amorim, Gustavo Borges, Cesar Cielo e muitos outros.

É ainda uma forma de ressaltar a importância de suas conquistas nas águas abertas. Sua influência é, e continuará sendo, enorme. E não somente entre aqueles que, como ela, vivem do esporte. O consagrado humorista Helio de la Peña é um dos que se apaixonaram pela natação no mar, esporte que pratica de forma amadora, e tem na nadadora uma grande inspiração. Afinal, trata-se de um dos esportes mais democráticos: em qual outra modalidade seria possível um esportista não profissional competir diretamente com um atleta de nível internacional, como ocorre em diversas conhecidas provas, como a Travessia dos Fortes e o Desafio Rei e Rainha do Mar? Helio traz esse e outros pontos de vista de forma brilhante no capítulo que encerra o livro.

Com vocês, Poliana Okimoto, a princesinha de Copacabana.

Estava escrito

Quando Poliana Okimoto subiu ao pódio para receber a medalha olímpica de bronze da prova dos 10 km em águas abertas nos Jogos do Rio de Janeiro, em 2016, tudo fez sentido. Os sacrifícios, as festas que deixou de participar para treinar no dia seguinte, os encontros com os amigos a que faltou para competir, as comidas gostosas que deixou de lado, os muitos e não tão agradáveis treinos pesados de madrugada...

Todo esportista tem uma história de abnegação e, de certo modo, de sofrimento. A dor é companheira constante, as frustrações muitas vezes vêm em maior número do que as alegrias. Mas, quando estas vêm, tudo parece se encaixar. É o sentimento pelo qual vale a pena batalhar durante toda uma vida.

E, no caso de Poliana, foi literalmente uma vida dedicada ao esporte. Naquele dia 15 de agosto de 2016, a natureza parecia restituir-lhe os dividendos com juros e correção monetária sobre um investimento de mais de 30 anos. Entender como ela foi parar na natação e como seu caráter, espírito competitivo e amor pelo esporte desenvolveram-se é fundamental para entender seu sucesso.

*

Ano de 1985. Aquele seria mais um domingo comum na família Okimoto. Cleonice e Yoshio assistiam ao *Fantástico*, da Rede Globo de Televisão, enquanto seus filhos André, de 4 anos, e Poliana, de 2, brincavam na sala.

Seria um dia corriqueiro se o que se passou a seguir não mudasse totalmente os rumos daquela família e representasse o início de um capítulo que marcaria o esporte brasileiro.

Quando Cleonice assistiu a uma reportagem sobre crianças no esporte, mais especificamente no judô, e viu que elas conquistavam medalhas e troféus, teve um estalo. Ela e o marido sempre gostaram de esportes. Acompanhar os Jogos Olímpicos e o desempenho de grandes atletas era parte de sua rotina. Até mesmo se arriscavam em algumas modalidades – ela chegou a correr algumas edições da tradicional Corrida de São Silvestre. Mas sempre de forma amadora.

Pois Cleonice pensou que, se incentivasse seus filhos no esporte desde pequenos, poderiam aprender lições valiosas, como disciplina e respeito aos adversários. E também conquistar aqueles troféus que as crianças da reportagem exibiam.

A empolgação era tanta que não quis nem esperar o dia seguinte. Tão logo terminou a reportagem, por volta das 10h da noite, pegou Poliana no colo e foi bater à porta da casa da vizinha Raquel, que tinha filhos que praticavam esporte. Cleonice quis saber mais sobre a academia que aquelas crianças frequentavam.

Talvez, se os filhos de Raquel praticassem ginástica ou handebol, o Brasil teria hoje uma medalha olímpica a menos. Mas, quase por fruto do acaso, naquele momento estava escolhido o esporte no qual André e Poliana seguiriam: a natação.

*

Poliana Okimoto nasceu em São Paulo, no Hospital São José, em 1983, filha de Cleonice Cavalcante Okimoto e Yoshio Waldemar Okimoto. Já tinha um irmão, André, que nascera em 1981, e teria mais um, Alisson, que viria ao mundo em 1989.

Poliana, aos 4 anos, já mostrava afinidade com o mar.

Seu nome foi escolhido inspirado na personagem principal do livro *Pollyanna*, originalmente publicado em 1913, de Eleanor H. Porter. No livro, Pollyanna era uma garota que passava por dificuldades, mas que procurava ver sempre o lado positivo mesmo das situações ruins. O "jogo do contente", como no livro é chamada sua prática de se posicionar de maneira otimista frente às adversidades, foi fonte de inspiração para Cleonice e Yoshio, que escolheram o nome para a filha antes mesmo de saberem se teriam uma menina.

O fato de seu nome carregar tal significado e de Poliana conhecer a história desde criança fez com que a mensagem ficasse enraizada em sua mente. Em muitos aspectos, ela realmente se parece com a garota do livro, em especial no sentido de sempre tentar tirar algo positivo das mais diversas situações. Essa mentalidade seria importantíssima nos desafios que viria a enfrentar anos mais tarde, especialmente em sua carreira na natação.

Quanto ao significado de seu sobrenome, deixaremos propositadamente para o final do livro. Uma dica: estava escrito nas estrelas. Ou nos oceanos.

Seu dia de nascimento? Aquela que viria a ser uma pioneira em várias conquistas para a natação feminina do país nasceu no dia 8 de março. Dia Internacional da Mulher.

Estava escrito também no calendário.

*

A pequena Poliana dava muita dor de cabeça a Cleonice e Yoshio. Por vezes, os pais tinham que repreendê-la. Mas não por desobediência ou mau comportamento.

A companhia frequente nas brincadeiras era seu irmão André. E toda brincadeira ingênua virava uma disputa acirrada. Uma despretensiosa ida ao parque era pretexto para os irmãos competirem em um circuito que consistia em passar por todos os brinquedos e ver quem terminava primeiro. Mesmo as tarefas diárias transformavam-se em competições. Quando chegavam em casa da escola, corriam para disputar quem passava primeiro pela porta. Um queria subir as escadas mais rapidamente que o outro. Tomar banho, colocar a roupa, comer... Tudo era motivo para um minicampeonato.

O problema era quando Poliana perdia. Jogava-se no chão e esperneava. Não admitia ser derrotada. Os pais chamavam sua atenção. Mas não adiantava. À medida que crescia, o espírito competitivo aguçava-se. O ingresso em um esporte foi ótimo para extravasar. Lá podia exercitar sua competitividade sem restrições.

Mas as disputas em casa com o irmão continuavam. O que também foi bom. Poliana não se importava com o fato de André ser homem e mais velho. Para ela, tamanho jamais foi documento. Mentalidade que carregaria pelo resto da vida e seria responsável por ela encarar sem medo rivais corpulentas e agressivas quando partiu para as competições em águas abertas.

*

Foi por acaso que aquelas duas crianças foram parar na Guaru Munhoz, uma pequena academia da Zona Leste de São Paulo. Como era lá que os filhos da vizinha Raquel praticavam natação, Cleonice acatou a indicação e lá matriculou André e Poliana. E o trabalho realizado na academia seria determinante para o desenvolvimento do maior talento da garota: as provas de longa distância.

Em contato com a água desde os 2 anos de idade, logo o ambiente passou a ser familiar. E a rotina de ir para a escolinha de natação duas ou três vezes por semana manteve-se por algum tempo, apenas com o compromisso de aprender a se virar na água e gostar do esporte, o que também era importante para as eventuais idas à praia no litoral do estado nos fins de semana.

Certo dia, Cleonice foi buscar seus filhos na academia e encontrou o professor Ismar Barbosa. "Cleonice, você precisa começar a trazer Poliana para os treinos!" O que Ismar queria dizer é que já estava na hora de sair da escolinha para passar a treinar mais seriamente. Só que ela tinha apenas 7 anos.

O que parecia uma sugestão precipitada tinha explicação. Naquele dia, Ismar havia cronometrado o tempo em que Poliana nadara a distância de 400 metros. E tal marca seria suficiente para conseguir índice para a disputa do Campeonato Paulista da categoria Petiz 1, para nadadores de 11 anos de idade.

Só a partir de tal categoria são disputados campeonatos estaduais no Brasil. Por isso, Ismar já pensava em um planejamento para que Poliana, quatro anos depois, pudesse chegar em condições de ser destaque.

*

Além da competitividade, Poliana já demonstrava na época características que seriam marcantes em sua carreira, como dedicação e disciplina.

Desde criança, não faltava aos treinos e sempre fazia o que lhe era pedido. Seu irmão por vezes relutava em ir à academia, especialmente quando tinha que nadar sob orientação de algum professor com quem não tinha afinidade. Ela jamais reclamou.

Mas havia uma coisa que a incomodava. Até chegar à categoria Petiz 1, as competições para as crianças eram limitadas. Em geral, as provas eram disputadas apenas nas distâncias de 25 e 50 metros. E, como já mostrava aptidão para longas metragens, não se dava bem nas distâncias curtas. Na época, costumava competir no nado de costas. E ficava insatisfeita, pois não fazia frente às colegas mais velozes.

Na natação, diz-se que não é o atleta que escolhe as provas nas quais vai se dar melhor, mas sim as provas que escolhem o atleta. Ismar sabia disso e pedia-lhe paciência. Não adiantava investir seu talento em disputas de 50 metros. Quando chegasse aos 11 anos, nadaria provas nas quais teria mais sucesso. Mas experimente pedir a uma criança de 8, 9 anos de idade para continuar trabalhando e se resignar a ter bons resultados somente dali a algum tempo. Não se conformar com a espera, trocar de esporte ou simplesmente desistir é o mais comum. Mas Poliana, sem reclamar, continuou.

E, como a homônima inspiradora de seu nome do livro *Pollyanna*, já desde tenra idade costumava ver o lado positivo das coisas. Se não podia ganhar nas competições, podia aproveitar o ambiente da academia para fazer amigos e aprimorar sua natação enquanto a hora certa não chegava. E já exercitava essa característica que viria a ser sua marca: ter paciência e trabalhar duro reservadamente para colher lá na frente o que plantou.

Fenômeno infantil

À primeira vista, Yoshio Okimoto é um japonês típico. Não nasceu na Terra do Sol Nascente, mas foi criado no Brasil por pais nipônicos. A impressão que se tem é de uma pessoa reservada e introspectiva, quase confirmando o estereótipo. E, seguindo a visão estereotipada, muitos pensam que deve ter criado os filhos – dois médicos e uma esportista de alto nível – à mão de ferro.

Ledo engano. O sucesso dos filhos não é fruto de uma criação rígida, que muitos associam a famílias orientais, mas sim de uma educação que os incentivou a ir atrás de seus sonhos. Por diversas razões, os mais chegados costumam brincar que Yoshio é um "japonês falsificado". De oriental tem só o nome. Um de seus *hobbies* é organizar churrascos para reunir a família nos fins de semana. Nada de sushi e sashimi. "Só a carne integra as pessoas."

Poliana garante: o churrasco de seu pai é o melhor da Zona Leste de São Paulo. Por isso, é seu programa preferido quando não está viajando para competições.

A carne é boa, mas também é um pretexto para a nadadora estar próxima dos pais e dos irmãos em um momento descontraído: a proximidade com a família é necessária ao seu bem-estar. E seu bem-estar é essencial para que nade bem.

*

A influência do pai é tanta que, quando pequena, Poliana dizia que queria ser dentista, como ele. À medida que foi crescendo, via que Yoshio desdobrava-se para sustentar a família. Para conseguir pagar as contas, o colégio e ainda manter Poliana e os irmãos André e Alisson na natação, saía de casa de manhã para trabalhar e por vezes voltava à meia-noite.

Também teve em sua mãe outro exemplo de dedicação à família. Cleonice não media esforços para que os filhos tivessem condições de prosperar. Quando Poliana começou a treinar em dois períodos do dia, sendo o primeiro deles às cinco horas da manhã, era a mãe quem a acordava às quatro horas da madrugada, a levava para o treino, preparava as refeições para a filha comer no carro no caminho da escola para a academia no treino da tarde e não deixava faltar nada na mochila da natação.

Os pais ainda a acompanhavam nas competições nos fins de semana. Yoshio tinha uma filmadora e gravava todas as provas. É verdade que o nervosismo por vezes atrapalhava a qualidade das filmagens, que estão até hoje guardadas como um tesouro. Mas Poliana não ligava. Sabia que tinha nas arquibancadas seus maiores fãs. Não é à toa que, na natação, corre o seguinte ditado: "Atrás de um grande nadador, existem grandes pais."

A empolgação de Yoshio e Cleonice justificava-se. Foi só a filha alcançar a idade mínima para a disputa de competições estaduais que o talento se revelou.

*

Meu objetivo é ser campeã paulista de 400 m nado livre e bater o recorde. Para isso preciso treinar melhor que todo mundo, me alimentar bem e dormir. As provas que eu gostaria de nadar:
400 m livre: 5'06"80
100 m medley: 1'20"09
100 m livre: 1'10"70
Poliana

Aos 11 anos, Poliana começou a competir e vencer provas em campeonatos paulistas.

O ano de 1994 chegou, e finalmente Poliana nadaria a competição para a qual havia se preparado por tanto tempo.

Com a orientação de Ismar Barbosa e o que vinha apresentando nos treinamentos, tinha a perfeita noção do que era capaz de fazer. A transcrição anterior é de uma carta escrita de próprio punho, pouco tempo antes do Campeonato Paulista Petiz de inverno, em piscina de 25 metros. Com as marcas obtidas em competições preparatórias e nos próprios treinos, ela conseguia mensurar o que poderia alcançar. Sabia que até mesmo um recorde estava ao seu alcance. E os resultados foram impressionantes.

Nos 400 m livre, venceu com recorde de campeonato, com o tempo de 5min04s22. Também chegou na frente nas outras duas provas que nadou, os 100 m livre, com 1min10s21, e os 100 m *medley*, com 1min20s42. Todos os objetivos alcançados e com precisão quase cirúrgica nos tempos que havia previsto.

E depois daquele campeonato, o nome da jovem de 11 anos passou a figurar no radar daqueles que acompanhavam a natação como uma das promessas para o futuro.

*

O casamento de Poliana com a Guaru Munhoz resultou-se perfeito para aquilo que a nadadora precisava em sua fase inicial de carreira. Apesar de ser uma academia pequena, já vinha construindo certa tradição na natação brasileira. Na década de 1990, nadadores como Juliana e Paoletti Filippini, Rodrigo Mendes da Silva, Alexandre Angelotti, Luciana Abe, Celina Endo e outros foram destaques na natação brasileira, ganhando títulos brasileiros e internacionais.

Havia algo em comum entre esses nadadores: todos eram especialistas no nado livre, principalmente em provas de longa distância. Essa era a verdadeira força daquele sistema, comandado pelo técnico José Munhoz. Uma filosofia de treinamentos construída em uma base aeróbica forte, com treinos compostos de grandes metragens.

Os altíssimos volumes de treinamentos aplicados por Munhoz fizeram até com que lendas fossem criadas em torno dos métodos aplicados. O "dia do cachorro louco" era uma delas. Tal dia consistia em os atletas passarem 24 horas na academia, em treinamento. Mas era quase como um acampamento: levavam comida e colchonetes, descansavam um período e treinavam outro, em forma de revezamento, mais como uma forma de integração. Longe do terror que parecia à primeira vista. Todos queriam participar. Mas logo se propagou a lenda de que aqueles nadadores costumavam virar a noite treinando. Munhoz não se esforçava para desmentir os boatos. Isso fazia com que os rivais ficassem intrigados nas competições. Como ganhar daqueles malucos que não descansavam nem de madrugada?

Aquela filosofia foi responsável por transformar Poliana na nadadora que viria a se tornar, especialista em provas de longas distâncias. Munhoz e Ismar, apesar de se dedicarem somente a competições de piscina, estavam também preparando seus nadadores para as longuíssimas disputas em águas abertas, nadadas em rios, mares e lagos. Na época, tais disputas não eram muito difundidas, até porque não constavam no programa dos Jogos Pan-Americanos e dos Jogos Olímpicos. Mas um indício de que os treinos na academia eram adequados à modalidade é que, em 1994, ocorreu a estreia de provas de 25 km em águas abertas no Campeonato Mundial de Esportes Aquáticos, em Roma. E foram justamente dois nadadores da Guaru Munhoz os selecionados para representar o Brasil: Luciana Abe e Alexandre Angelotti.

Na época, Poliana ficou encantada por ter dois companheiros de equipe convocados para a seleção brasileira em um Mundial. Ela jamais poderia imaginar que, após conquistar duas medalhas de bronze naquela competição (Gustavo Borges nos 100 m livre e a equipe de revezamento 4x100 m livre), o Brasil ficaria 15 anos sem subir ao pódio do evento. E que a própria Poliana seria responsável por quebrar o jejum, em 2009, na mesma Roma, na prova de 5 km em águas abertas.

Essa seria apenas uma das muitas voltas que a vida daria nos anos que se seguiriam.

*

> A nadadora da Munhoz, Poliana Okimoto, pesa 43 quilos, distribuídos por 1,58 m. Enfrenta adversárias bem maiores, mais fortes na aparência. Mas, como o que conta é a força dentro d'água, lá Poliana está mais para um peso pesado que vai demolindo rivais.[1]

O relato, do jornal *Aquática Paulista*, publicação oficial da Federação Aquática Paulista (FAP), de novembro de 1996, dá a clara noção da dimensão da nadadora naquele tempo. Apesar de ter marcado época nas categorias Petiz 1 e 2, em 1994 e 1995, com vitórias e recordes estaduais, alguns dos quais vigentes até hoje, quem via de longe aquela garota dificilmente acreditava se tratar de um fenômeno. Seu físico franzino e sua personalidade, tímida e retraída, não condiziam com o jeito de uma campeã.

Estereótipos. Apenas estereótipos. Em julho de 1996, com apenas 13 anos, disputou pela primeira vez o Troféu Brasil (hoje chamado de Troféu Maria Lenk). Esse evento e o Troféu José Finkel são as principais competições de natação do calendário do país. Com as companheiras de equipe Juliana Fillipini, Celina Endo e Luciana Abe, conquistou sua primeira medalha de ouro em um campeonato nacional adulto, no revezamento 4x200 m livre. Desde então, jamais uma nadadora tão jovem chegou ao pódio da principal competição do Brasil. Individualmente, ainda nadou os 800 m livre contra nadadoras de até o dobro de sua idade e ficou somente a 18 centésimos da medalha de bronze.

Continuou assombrando no segundo semestre, com vitórias no Troféu Chico Piscina – campeonato brasileiro para as categorias Infantil e Juvenil entre seleções estaduais – e no Troféu Mauricio Bekenn, o campeonato brasileiro de clubes para a categoria Infantil. O maior destaque veio no início de novembro, no Campeonato Paulista Infantil em São José dos Campos. Vitórias vieram nos 200 m, 400 m e 800 m livre. Superou recordes de categoria que duravam uma década. Nos 400 m e 800 m, fez tempos mais fortes que os vencedores nas provas masculinas – na última prova, chegou quase 50 metros à frente da segunda colocada e teve tempo 13 segundos mais rápido que o do vencedor entre os homens, Leandro Antunes Dias, nadador de Assis que acumulava vitórias e recordes nas categorias de base. Nos 400 m e 800 m, suas marcas são recordes paulistas – e brasileiros não oficiais – de sua idade até hoje, mais de 20 anos depois. "Foi naquela competição que vi que ela era realmente diferente", lembra Ismar. E isso a despeito de um torcicolo que a incomodou durante todo o torneio.

Em dezembro, disputou o Troféu José Finkel, em piscina de 25 metros, em Santos. Lá, subiu ao pódio pela primeira vez em uma prova individual de um campeonato brasileiro adulto, com uma medalha de bronze nos 800 m livre. Após receber sua láurea, que coroou um ano incrível no qual se colocou entre as melhores do Brasil com apenas 13 anos, recebeu o seguinte recado de Ismar: "Sabe o que você faz com essa medalha? Hoje, você curte. Amanhã, você põe na sua gaveta e esquece." Ela não entendeu bem. Era sua maior con-

Poliana e seu então treinador, Ismar Barbosa, após a conquista da medalha de bronze nos 800 m livre no Troféu José Finkel de 1996.

quista e ele pedia para esquecê-la? O que Ismar queria dizer é que, após um ótimo ano, no qual colheram frutos de um bom trabalho, muito mais viria pela frente. A mensagem a acompanharia por toda sua carreira.

*

Aquela menina que fora da piscina pouco se fazia notar agora era estrela da natação nacional. Em 1997, a Guaru Munhoz não teve como segurar uma investida do Corinthians, que acertou com Poliana, Ismar e outros nadadores da equipe. A nadadora passaria a ter suporte de um grande clube, com maior estrutura, incluindo uma piscina de 50 metros para treinamento, algo que não tinha à disposição antes. E receberia pela primeira vez uma ajuda de custo, fundamental para as despesas familiares, que vinham se tornando cada vez mais pesadas para Yoshio e Cleonice.

Assim, era natural que confirmasse o *status* de uma das melhores nadadoras do país. Foi o que aconteceu nos dois anos seguintes. Em 1997, vieram as primeiras vitórias individuais em campeonatos brasileiros adultos, nos 800 m livre no Troféu Brasil e no Troféu José Finkel. Em 1998, foi campeã sul-americana adulta, quebrou a barreira dos 9 minutos nos 800 m livre pela primeira vez e aproximou-se do recorde sul-americano de uma de suas heroínas, Patricia Amorim, principal destaque da natação brasileira feminina na década de 1980. Também ganhou experiência internacional ao disputar o Campeonato Sul-Americano em San Felipe, na Venezuela, a Copa Latina, em Lisboa, e os Jogos Mundiais da Juventude, em Moscou.

De 1998 a 1999, com idade de 15 para 16 anos, era esperado que ocorresse a transição da adolescência para a fase adulta na natação e que a evolução continuasse rumo ao sonho de disputar uma Olimpíada – ela e seu técnico pensavam vagamente na edição de 2000, em Sydney, mas o objetivo era 2004, em Atenas.

Não foi o que aconteceu.

O mal que vem para o bem

"Mãe, não aguento mais. Será que isso nunca vai ter fim?"

Se você é um amante da natação que tivesse acompanhado a carreira de Poliana Okimoto até 1998 e presenciasse tal diálogo da nadadora com sua mãe apenas um ano depois, no final de 1999, provavelmente não entenderia. Como aquela jovem, que estava prestes a superar os recordes lendários da natação brasileira de Patricia Amorim de uma década antes, em tão pouco tempo podia se mostrar tão desapontada e chateada em um campeonato brasileiro no qual ela supostamente deveria brilhar e estar no auge?

O esporte, assim como a vida, por vezes é ingrato. Em um dia, parece que está tudo bem. No outro, um desastre. As expectativas que foram depositadas sobre ela foram tão altas que, na virada da década, resultados que a colocavam entre as melhores do país e que causariam inveja a muita gente eram vistos como decepcionantes.

*

"Coitada dessa menina. Era a grande promessa nas provas longas, mas agora que tem a concorrência da Nayara ela nunca mais vai ganhar nada."

Foi o que pensou um sujeito ao cruzar com Poliana em uma competição no início dos anos 2000. Não revelaremos ainda o nome do então nadador, mas ele teria importância fundamental na vida da nadadora anos mais tarde. Seu pensamento apenas refletia o sentimento geral em relação à referida Nayara, um dos destaques da natação brasileira na época.

Poliana (ao centro), com as rivais Nayara Ribeiro e Ana Carolina Muniz.

Tudo começou no Troféu Chico Piscina em outubro de 1998, o campeonato brasileiro infantojuvenil interfederativo. Poliana terminou os 200 m livre na terceira posição, atrás de duas nadadoras mais jovens, e empatou os 400 m livre na primeira posição. Ela vinha dominando as provas de longa distância no país e, de repente, não conseguia superar concorrentes um ano mais novas em uma competição de categoria.

As aparições de Ana Carolina Muniz e Nayara Ribeiro representaram o surgimento de rivais de nível que jamais havia tido antes. Ana Carolina treinava ao lado de Poliana no Corinthians desde o início daquele ano, vinda de Campo Grande. Nayara treinava em Salvador, na Bahia.

No Troféu José Finkel, no final do ano, no clube Vasco da Gama, no Rio de Janeiro, em piscina de 25 metros, venceu os 800 m livre, seguida muito de perto por Nayara, que chegou menos de dois décimos depois. Nos 400 m, foi derrotada por Ana Carolina.

O surgimento das rivais coincidiu com o início de uma fase sem evolução nos seus tempos. Algo pelo qual jamais havia passado. E justamente em um período em que o progresso seria essencial para manter os sonhos vivos.

"Vou tentar quebrar o recorde da Patricia [Amorim], 8m51s95 [nos 800 m livre], no Troféu Brasil, quando estarei mais bem preparada e também estarei tentando uma vaga no Pan-Americano",[2] declarou Poliana, após a disputa do Campeonato Sul-Americano Juvenil de 1999, em relação aos seus objetivos.

Nem um, nem outro. Naquele ano, viu Nayara tornar-se recordista sul-americana dos 400 m livre e Ana Carolina, dos 800 m. Os recordes de Patricia Amorim, pelos quais ela batalhava havia algum tempo, caíam pelos braços de suas rivais. Sonhava com uma convocação para os Jogos Pan-Americanos de Winnipeg, uma competição na qual os ídolos Gustavo Borges e Fernando Scherer fariam história. Mas viu Ana Carolina e Nayara serem convocadas, enquanto ela assistiu à competição pela televisão. O pior de tudo: aos 16 anos, fazia tempos piores do que quando tinha 13.

É dessa época o desabafo para a mãe relatado no início do capítulo.

*

Se os resultados não vinham, ao menos Poliana apreciava a companhia das inúmeras amizades que havia feito na natação. Adorava o ambiente das competições, nas quais aproveitava para rever os amigos de outros clubes. Uma paquera vez ou outra também não fazia mal.

Em um dos torneios da época, enquanto aguardava o início das provas, foi a uma das muitas barracas montadas no local por marcas esportivas para dar uma olhada em maiôs e camisetas à venda. Chegando lá, deparou-se com outro nadador, que vestia o uniforme do Esporte Clube Pinheiros. "Vou tentar uma aproximação", disse ele a um colega.

"Você acha que eu ficaria bem nessa camiseta?", perguntou ele. Sem graça, a nadadora respondeu qualquer coisa e saiu dando risada com algumas colegas de clube. Como muitas paqueras do mundo da natação, o episódio seria relegado ao esquecimento, não fosse por um detalhe. Tal nadador é o mesmo do início do capítulo, que achou que ela jamais ganharia de Nayara. E que Poliana reencontraria, um tempo depois, em diferente situação.

*

Em 2000, o clube Vasco da Gama contava com superequipes de esportes olímpicos. Muitos dos principais nadadores do país foram atraídos pelo audacioso projeto do clube carioca, entre eles Gustavo Borges, Fabiola Molina,

Luiz Lima e outros. Poliana foi uma das recrutadas e tentou unir o útil ao agradável. Nadar sob a tutela de Ismar Barbosa fora de suma importância nos anos anteriores. Mas a parceria desgastou-se, e a nadadora já não rendia sob o comando do treinador. Saiu do Corinthians e voltou a treinar na academia em que tudo começou, a Guaru Munhoz, dessa vez sob o comando de José Munhoz. Nas competições, representava o Vasco da Gama.

Aquele foi um período complicado, sem melhora das marcas pessoais e com a concorrência cada vez maior de nadadoras de sua geração que, ao contrário dela, continuavam a evoluir, como as citadas Ana Carolina Muniz e Nayara Ribeiro, além de Mariana Brochado e Monique Ferreira. E ficou ainda mais difícil quando o projeto carioca fez água, e não no bom sentido. O dinheiro acabou e muitos dos atletas não receberam os salários até hoje.

Em busca da volta aos melhores dias, retornou ao Corinthians em 2001, para ser treinada pelo técnico Edilson Bezerra. No final daquele ano, fez índice para a disputa de seu primeiro Campeonato Mundial, em piscina de 25 metros, que seria realizado em Moscou, em abril do ano seguinte. Parecia um indício de que as coisas voltariam ao rumo certo.

No entanto, depois daquilo, os bons resultados não viriam. No referido Mundial, piorou oito segundos de sua marca nos 800 m livre. Subir ao pódio de campeonatos nacionais adultos, algo que já fazia aos 13 anos, passou a ser raridade aos 19, quando supostamente deveria estar no auge da carreira. Em 2002, no Troféu José Finkel, terminou os 800 m livre na sexta posição, o pior desempenho de sua vida nessa prova em campeonatos brasileiros.

Após mais de uma década entre Munhoz e Corinthians, o corpo e a mente já não respondiam adequadamente àquela rotina. Até aquele momento, a filosofia de todos os seus treinadores era pautada em grandes metragens diárias nos treinamentos. Chegava a praticar 20 km por dia e 100 km por semana. Treinava como nunca. E, nas competições, perdia como sempre. Não vencia uma prova em campeonato nacional adulto desde 1998. Chegou ao final de 2002 estafada e sem suportar mais o exaustivo dia a dia. As únicas coisas que lhe mantinham no esporte eram os amigos e o ambiente.

Por isso, tentou uma última cartada, na esperança de ter uma sobrevida no esporte. Em 2003, mudou-se para Santos e passou a treinar e competir pela Universidade Santa Cecília (Unisanta), que sempre teve a filosofia de conciliar a formação escolar e universitária com o esporte e com isso formou uma das principais equipes de natação do país. Lá poderia continuar treinando, mas

Parte da equipe brasileira do Campeonato Mundial de Piscina Curta de 2002, em Moscou.

também estudar e pensar no futuro longe das piscinas. Sim, o plano era esse. Continuar na natação como um meio de sobrevivência, através do salário que recebia, e partir para o mercado de trabalho ao final da faculdade. Não se via mais no esporte competitivo por muito tempo.

Na Unisanta, reencontrou aquele nadador que a paquerou na barraca de venda de maiôs e camisetas alguns anos antes e que acreditava que ela jamais voltaria a ter destaque na natação brasileira.

E, se você acredita que nada é por acaso, essa história é um prato cheio. Se não fosse pelo 2002 abaixo das expectativas, tal mudança não ocorreria. Sem ela, muito provavelmente o futuro de Poliana não seria influenciado por aquele nadador chamado Ricardo Cintra. E, hoje, ela seria uma professora, uma escritora, uma pesquisadora... Mas não uma medalhista olímpica. Essa não seria a primeira nem a última vez que, por acasos e (des)encontros, sua vida mudaria. Para pior ou para melhor, traçou o caminho que culminou com a medalha no Rio de Janeiro em 2016. "Viver é um descuido prosseguido" (João Guimarães Rosa).

Muito mais que um treinador

A cena é recorrente. Poliana Okimoto chega ao pódio de alguma competição internacional e precisa levar para casa um grandioso troféu. Como não é seguro despachá-lo, o jeito é carregá-lo como bagagem de mão no voo de volta. Quando estão no aeroporto, ela e Ricardo Cintra revezam-se na tarefa de carregar o pesado objeto.

É nessas horas que Ricardo vira a estrela. Aquele sujeito de 1,98 m de altura carregando um troféu deve ser um grande campeão, pensam muitos. Vão perguntar a ele sobre suas conquistas e até requisitam fotos. Então, ele explica que a campeã é aquela moça franzina ao seu lado, de 1,67 m de altura.

De certo modo, aquelas pessoas não estão erradas. O hoje treinador e marido é parte integrante das conquistas da nadadora nas águas abertas. Ela é quem cai na água para nadar, mas ambos compartilham as alegrias das vitórias, as tristezas das derrotas e outros sentimentos. É como se ele também tivesse nadado. São como uma única pessoa.

E pensar que, em 2003, quando começaram a namorar, se alguém lhes dissesse que anos depois teriam carreiras internacionais de sucesso em uma parceria profissional não nas piscinas, mas nas águas abertas, talvez considerassem o interlocutor maluco.

*

O único contato de Poliana com Ricardo Cintra havia sido naquela rápida conversa na barraca de venda de materiais esportivos, descrita no capítulo "O mal que vem para o bem". Por isso, em 2003, quando a nadadora chegou à Unisanta, onde ele já treinava desde o ano anterior, não o reconheceu de imediato. Mas ele se lembrava muito bem dela.

Quando começaram a treinar juntos naquela temporada, foi a perdição do nadador. O convívio diário o fazia se sentir ainda mais atraído por aquela japonesinha. Durante os treinamentos, não tirava os olhos dela. Por vezes, se desconcentrava e nem sequer prestava atenção nas séries passadas pelo treinador. Tudo que pensava era em como se aproximar.

Ela, que nunca foi boba, percebeu o interesse. Mas não deu muita brecha. Sempre que ele a chamava para sair, fazia-se de desentendida e sugeria um encontro com a turma da natação.

Até que Poliana cedeu e aceitou um convite para um cinema. O filme era *Lendas da paixão*. E, apropriadamente, ali nascia uma paixão que viraria lenda. Tanto que, mesmo mais de uma década depois, o casal indica o filme que marcou o começo do namoro a todas as pessoas próximas. Principalmente ele, que, orgulhoso, credita à escolha certa do filme o início do relacionamento.

Afinal, de certo modo aquilo foi um teste para a relação que começava. A batalha para conquistar a futura esposa era uma mostra do trabalho que teria ao seu lado, como treinador, para as vitórias que viriam nos anos seguintes.

*

Na época, Ricardo era um nadador de provas de velocidade. Nasceu no dia 10 de novembro de 1978, em Mogi Mirim, interior de São Paulo. Em sua juventude, teve certo destaque pelos vários clubes nos quais nadou, entre eles

Pinheiros, Corinthians e Minas Tênis Clube. E, assim como Poliana, também foi parar na Unisanta em uma última tentativa de buscar a motivação pelo esporte e a possibilidade de conciliar natação com estudos universitários – cursava Educação Física. Também já pensava no futuro após as piscinas.

Não era para menos. Quando mais jovem, chegou a ser campeão paulista nos 50 m livre. Quando passou a competir entre os melhores do país na categoria adulta, no entanto, dificilmente obtinha destaque. Em Troféus Brasil e José Finkel, os principais campeonatos do país, era figura constante em finais B, espécie de disputa de consolação para a definição do 9º ao 16º colocados, nos 50 m e 100 m livre. Ficava arrasado quando perdia a vaga na final A, do 1º ao 8º, por poucos centésimos.

E, assim como Poliana, que chegou à Unisanta em 2003 e venceu seus primeiros títulos brasileiros adultos após cinco temporadas, Ricardo também conseguiu uma injeção de ânimo em seu primeiro ano em Santos, em 2002. No Troféu José Finkel, pela primeira vez conseguiu classificação para uma final A individual, nos 50 m livre. Confiante, chamou os pais para virem assistir à final da prova, pois tinha certeza de que ao menos chegaria à frente de seu ídolo, Gustavo Borges, que nadaria na raia ao seu lado. Fez mais que isso: terminou com a medalha de prata, em sua maior conquista na natação.

A boa fase, no entanto, não continuaria. Até chegar às finais B de outrora ficaria difícil. No Troféu José Finkel de 2003, terminou somente na 23ª posição nos 50 m livre. Imediatamente à sua frente chegava um jovem de 16 anos chamado Cesar Cielo, que naquele ano estreava em campeonatos brasileiros adultos e iniciava uma trajetória que culminaria na medalha de ouro olímpica em 2008.

Hoje, reconhece que era um nadador veloz, mas que não gostava muito de treinar nem era um exímio talento. Com isso não teria muito futuro na natação de alto rendimento. Àquela altura, já pensava em alguma mudança para o ano seguinte.

*

Poliana, por sua vez, tinha naquele ano de 2003 seu melhor desde 1998. De casa e paixão novas, voltou a subir no lugar mais alto do pódio nos Troféus Brasil e José Finkel. No final do ano, Ricardo ligou para Alberto Silva, na época treinador do Pinheiros e hoje consagrado comandante da seleção brasileira, oferecendo-se para competir no clube, mas morando e estudando em Santos. Alberto foi claro: "Você eu não quero, mas sim sua namorada."

Poliana Okimoto e Ricardo Cintra em 2003.

Assim, em 2004, decidiu abandonar a natação e focar somente nos estudos. Poliana passou a competir pelo Pinheiros. Continuaram em Santos e transferiram seus estudos para a Unimonte, onde a nadadora também passou a treinar.

Para ela, de início, a mudança não foi boa. Seu treinador na Unimonte, em meio a outros compromissos, não dispendia a atenção necessária a uma atleta de ponta. Sentia-se perdida e desamparada. Faltando 15 dias para o Troféu José Finkel daquele ano, por problemas pessoais, ele sumiu.

Ricardo, que ainda não havia se formado em Educação Física, resolveu assumir o comando. Sentia-se, de certo modo, responsável por aquela situação – afinal, se não fosse ele, sua namorada não teria trocado os treinos na Unisanta pelos da Unimonte. O ex-nadador já assumia os treinamentos de Poliana eventualmente, quando o treinador faltava. Mas, dali para a frente, seria definitivo.

*

Mesmo naqueles treinos eventuais, Ricardo já percebia que podia melhorar muita coisa. Por exemplo, em treinos de tiros de 100 metros para a manutenção de tempo, Poliana mantinha a média de 1min14s, 1min15s. Ele estranhava e pensava: "Eu, que nadava provas de velocidade, fazia esses tempos. Ela é nadadora de longas distâncias, tem muito mais resistência do que eu, precisa manter médias mais baixas." Assim, pedia para ela nadar em pelo menos 1min10s. A experiência como nadador fazia diferença para o agora treinador. E rendeu alguns frutos rapidamente: no Troféu José Finkel, Poliana venceu os 1.500 m livre em piscina de 25 metros com melhor marca pessoal e terminou os 800 m livre na segunda colocação.

Entre 2004 e 2005, o casal aprimorava a parceria. Ricardo tinha a confiança de Alberto Silva, que o incentivava a orientá-la, e a ajuda de Fernando Vanzella, treinador da equipe de nadadores de longa distância do Pinheiros, que elaborava os programas de treinamento e repassava a ele.

Um fato marcante deu-se às vésperas do Troféu José Finkel de 2005, em piscina de 25 metros, no mês de setembro. Duas semanas antes, em uma competição no Pinheiros, Poliana não conseguiu vencer os 800 m livre. Ricardo viu que ela foi derrotada nas viradas. Nos dias seguintes, treinaram o fundamento exaustivamente.

E, já se aproveitando das dicas dadas por Ricardo, 15 dias depois Poliana conquistou o título nacional dos 800 m livre. Também foi campeã brasileira dos 1.500 m livre. Os resultados foram determinantes para que conseguissem renovar o contrato com o Pinheiros, cujo acerto era feito anualmente. Em uma época em que a maratona aquática ainda não tinha entrado em suas vidas, os resultados nas piscinas eram determinantes para que conseguissem continuar sobrevivendo da natação.

*

Mesmo naquele início de parceria, Ricardo não aliviava para a então namorada. Como todo bom técnico, orientava e ministrava os treinos de forma dedicada. E também não se reprimia quando era preciso chamar a atenção ou mesmo passar uma bronca.

Como era uma figura conhecida na natação – em seus anos de nadador morou com mais de 60 nadadores diferentes nas inúmeras repúblicas pelas quais passou –, não demorou para que o novo patamar da relação se tornasse fato público. Muita gente previu o fracasso. Como manter um namoro fora da piscina e um trabalho dentro dela, respeitando os limites do profissionalismo e não deixando o lado pessoal influenciar o desempenho esportivo?

Não é raro no mundo do esporte atleta e treinador terem relacionamentos de namoro e casamento, mas manter a parceria profissional por muito tempo e ser bem-sucedidos em alto nível é difícil. No Brasil, talvez o caso mais conhecido atualmente seja o da ex-saltadora Fabiana Murer, casada com Elson de Souza, seu técnico por boa parte de sua carreira. Na natação, internacionalmente, o russo Vladimir Salnikov foi campeão olímpico dos 1.500

m livre em 1988 sendo treinado por sua esposa.[3] A irlandesa Michelle Smith foi destaque nos Jogos Olímpicos de Atlanta, em 1996, com três medalhas de ouro, e na época tinha como treinador seu marido. Mais recentemente, a húngara Katinka Hosszu desenvolveu uma parceria altamente bem-sucedida com seu marido, Shane Tusup, e tornou-se campeã em três provas nos Jogos Olímpicos de 2016, no Rio de Janeiro. Mas casos como esses, que resultam em sucesso absoluto, podem ser contados nos dedos das mãos. As estatísticas estavam contra Poliana e Ricardo.

Contra todos os prognósticos, a relação pessoal melhorava conforme iam aprimorando a parceria profissional. Conseguiam administrar as tensões e confiavam cada vez mais um no outro. Em 2005, quando alguns achavam que tal relação tinha prazo de validade, passaram a morar juntos – oficializariam o casamento em 2009. Como todo relacionamento, havia altos e baixos. Shakespeare escreveu que "nunca é sereno o curso do verdadeiro amor". Havia muito mais prós do que contras.

Não deixa de ser irônico que, como descrito no capítulo "O mal que vem para o bem", no início dos anos 2000 nem Ricardo Cintra acreditava que Poliana teria grande futuro na natação. E agora era responsável por seu comando técnico. Não faziam ideia do sucesso que teriam nos anos seguintes. Conquistar vitórias e troféus internacionais, como os mencionados no início deste capítulo, sequer passava por suas cabeças. O próprio Ricardo certa vez declarou: "Tinha tudo para dar errado. Um ex-nadador medíocre e recém-formado em Educação Física que começava a treinar uma campeã brasileira com deficiências técnicas e desgastada emocionalmente."[4] E, quando ainda se acostumavam com a parceria profissional, veio a ideia que mudou suas vidas.

Mudando de (m)ares

"E nadou com mais afinco, desejoso de pôr pé em terra firme."

Não é à toa que Ulisses era considerado o mais astuto de todos os gregos. Além de ter combatido, e vencido, na Guerra de Troia – e de ter tido a ideia do famoso cavalo de madeira que foi a desgraça de seus inimigos –, em sua jornada de retorno à terra natal, contra tudo e contra todos, saiu vencedor contra sereias, ciclopes e outras criaturas não menos aterrorizantes.

Na história ilustrada na *Odisseia*, poema épico de Homero, Ulisses também é autor de outro feito notável. Ao partir da ilha de Calipso, sua jangada é destroçada em uma tempestade. Após duas noites e dois dias à deriva, atinge uma praia. A nado.

E, na história composta há 2.700 anos, termos que se referem à natação aparecem pela primeira vez na literatura ocidental. Não é surpresa: o homem já se arriscava nas águas desde muito tempo antes por sua sobrevivência.

Curiosamente, os gregos inspiravam-se muito mais nos feitos de Ulisses em terra firme do que nas águas. Ao menos no que se refere aos Jogos Olímpicos da Antiguidade, realizados entre 700 e 200 a.C., dos quais a natação não fazia parte. Por muito tempo, o esporte, apesar de valorizado, era relacionado mais a sobrevivência ou, no máximo, a desafios do que a competições.

Os primeiros torneios com o formato atual demoraram a surgir e, lembrando as peripécias de Ulisses, ocorreram no mar. O primeiro torneio de natação documentado foi no mar de Sydney, na Austrália, em 1846. As primeiras provas de natação dos Jogos Olímpicos da Era Moderna, em 1896, também foram disputadas em mar aberto, nas distâncias de 100 m, 500 m e 1.200 m, na grega Atenas.

Nadar em mares, como se vê, remete aos primórdios da natação. Logo, a natação em águas abertas é a mãe da natação moderna, e praticá-la é um retorno às origens.

*

Ricardo Cintra passou aquele dia de novembro de 2004 com uma ideia fixa. Tal pensamento merece o detalhamento que se seguirá. Afinal, o rumo dos acontecimentos mudou o curso da vida de Ricardo, de Poliana e, por que não dizer, da natação brasileira.

A Travessia dos Fortes foi uma das provas mais disputadas e concorridas da história da natação em águas abertas no Brasil. Criada em 2001 pelo Exército Brasileiro no Rio de Janeiro e realizada até 2012, contava com um percurso de 3.800 m e era disputada entre as praias de Copacabana e do Leme. O nome se dá ao fato de que a largada e a chegada eram realizadas nos fortes que se localizam nas extremidades das duas praias, além de fazer alusão à força daqueles que encaravam o desafio. A largada, dada com um tiro de canhão, permanece como uma das memórias mais características da competição.

A partir de 2004, a prova passou a contar com transmissão ao vivo na televisão pela Rede Globo e chegou a ser considerada a versão aquática da tradicional Corrida de São Silvestre, realizada em São Paulo no último dia de cada ano. Conseguia reunir mais de quatro mil participantes em uma única edição. Com a visibilidade que oferecia com uma transmissão televisiva para todo o Brasil, nadadores originalmente de piscina arriscavam-se – afinal, exposição traz patrocínios. Outro atrativo era um generoso prêmio em dinheiro aos primeiros colocados.

Poliana Okimoto | 45

Praia de Copacabana,
cenário da
Travessia dos Fortes.

Naquela manhã de novembro de 2004, Ricardo Cintra estava ligado no programa *Esporte espetacular*. Viu Monique Ferreira vencer a prova e levar um cobiçado prêmio em dinheiro. Monique, nadadora olímpica, era constante rival de Poliana em provas de 200 m, 400 m e 800 m nos campeonatos nacionais.

Ricardo ligou para Poliana.

– Liga a televisão. Está vendo essa travessia? Você vai nadar no ano que vem.

– Eu? Não vou, não!

– A Monique venceu, você também pode. Além disso, o dinheiro da premiação dá conta do nosso orçamento do ano inteiro! Você vai nadar sim!

Ricardo parecia disposto a arriscar. A motivação inicial era o substancioso prêmio em dinheiro. Mas o desempenho de Poliana era uma incógnita.

De fato, sucesso em provas longas nas piscinas jamais significou desempenho semelhante em águas abertas. O australiano Grant Hackett, bicampeão olímpico nos 1.500 m livre, e a espanhola Mireia Belmonte, medalhista olímpica nos 800 m livre, são apenas dois exemplos de grandes nadadores que fracassaram quando tentaram tal transição.

Por isso, Poliana achou que era fogo de palha. Não queria nadar no mar. A piscina era seu quintal, era reconhecida nacionalmente, tinha contrato com um clube grande. Para que mudar?

Ela achou que, até novembro de 2005, data de realização da edição seguinte da Travessia dos Fortes, Ricardo teria até se esquecido da prova. Mas algo aconteceu nesse meio tempo que deu mais força e argumento à ideia.

*

Fina – Federation Internationale de Natation
Boletim de imprensa n. 70/2005
Prova de 10 km em águas abertas nos Jogos Olímpicos de Pequim 2008

Lausanne (SUI), 27 de outubro de 2005 – A Fina tem grande prazer em anunciar que o Quadro Executivo do Comitê Olímpico Internacional decidiu hoje incluir no programa dos Jogos Olímpicos de Pequim 2008 a prova de 10 km para homens e mulheres em águas abertas.
"Essa decisão reflete o valor agregado das disciplinas aquáticas dentro do programa olímpico. Ao mesmo tempo, representa uma responsabilidade adicional para a Fina, que junto com as federações nacionais e as associações continentais continuará trabalhando para o desenvolvimento do nosso esporte ao redor do mundo", disse o presidente da Fina, Mustapha Larfaoui.

Todos os cinco esportes da Fina – natação, saltos ornamentais, polo aquático, nado sincronizado e natação em águas abertas – estarão agora representados no programa de competição dos Jogos Olímpicos.[5]

O boletim de imprensa divulgado pela Federação Internacional de Natação (Fina) de outubro de 2005, transcrito aqui em tradução livre, é autoexplicativo. Com o argumento de que ainda não existia uma prova olímpica para nadadores semelhante à maratona do atletismo, foi decidido que, a partir de 2008, uma prova de 10 km seria introduzida no programa da natação em Jogos Olímpicos. As condições também seriam comparáveis. As provas do atletismo são disputadas em pista, dentro de um estádio, e a maratona, nas ruas. A maratona aquática, então, não seria disputada em piscinas, mas sim em águas abertas, o que pode corresponder a mares, rios, lagos e represas.

Provas de águas abertas vinham sendo realizadas em Campeonatos Mundiais de Esportes Aquáticos desde 1991, no entanto apenas na distância de 25 km. Uma prova mundial de 10 km foi realizada pela primeira vez em 2000, na edição inaugural do Mundial de Águas Abertas. A inclusão da distância no programa olímpico, no entanto, daria uma visibilidade inédita à modalidade. A Fina convencionou que a prova de 10 km teria a denominação de maratona aquática.

Quem vê hoje o sucesso das provas de águas abertas no Brasil, impulsionado em boa parte pelas conquistas internacionais de nadadores como a própria Poliana, não imagina que o cenário fosse tão diferente no início dos anos 2000. A modalidade era praticamente desconhecida do grande público. Tanto que o anúncio da inclusão de uma prova de águas abertas nos Jogos Olímpicos, à época, não teve muita repercussão por aqui. Afinal, em quase 15 anos de disputas dessas provas em Campeonatos Mundiais, o Brasil jamais havia chegado perto de conquistar uma medalha.

Apesar de o país, teoricamente, sempre ter tido enorme potencial para o desenvolvimento do esporte, devido à vasta costa litorânea e ao clima propício, a verdade é que a atenção dada à natação em águas abertas era pequena; em termos de competição, então, à exceção de algumas iniciativas individuais, era quase nula. Tais iniciativas incluíam nadadores como Abilio Couto e Igor de Souza, que se notabilizaram por atravessar a nado o temido canal da Mancha, que separa a França da Inglaterra. Um universo quase que totalmente distinto das competições que vinham sendo organizadas pela Fina e da prova que se tornaria olímpica em 2008, a começar pela distância (a travessia do canal da Mancha tem mais de 30 km) e pelo próprio conceito, mais de desafio do que de competição.

A capacidade de Poliana de resistir a longas metragens e a inclusão de uma prova de 10 km no programa olímpico pareciam juntar a fome com a vontade de comer. Analisando hoje, parece muito simples. Mas as coisas não foram assim tão imediatas. A modalidade tem características e especificidades muito diferentes das de natação em piscina. No mar não há raias, e por isso o contato físico, por vezes agressivo, entre os atletas é comum. O nadador precisa ter um senso de navegação e orientação apurado para conseguir nadar em linha reta entre as boias colocadas para delimitação do percurso. E há os fatores externos, como ondas, clima, temperatura da água...

Poliana conhecia somente o mundo das piscinas, e nadar em águas abertas parecia tão distante quanto patinar no gelo ou competir no taekwondo. Mas, naquele dia de outubro em que foi confirmada a prova olímpica de águas abertas, Ricardo enxergou uma possível mina de ouro. Para isso, teria que tirar Poliana de sua zona de conforto.

Princesa do mar

Frodo Bolseiro reluta quando o mago Gandalf o convoca para a missão de destruir o Um Anel. Sua hesitação é compreensível. Frodo jamais havia saído do Condado, uma aldeia pacífica e serena. Para que abandonar o conforto do lar em direção a Mordor, uma terra perigosa e imprevisível, abdicando da vida ganha?

O enredo do clássico *O senhor dos anéis*, um dos livros preferidos de Poliana, serve muito bem para ilustrar seus pensamentos sobre a Travessia dos Fortes de 2005.

Após uma carreira inteira na natação em piscina, Ricardo Cintra estava convicto de que ela ao menos deveria tentar disputar aquela prova em mar aberto, na praia de Copacabana. Para Poliana, não havia razão em sair do aconchego da piscina e encarar os perigos do mar aberto. O contato físico, a água fria e até mesmo um possível tubarão que estaria destinado a atacá-la eram motivos suficientes para não se arriscar.

Mas as razões de Ricardo eram parecidas com as de Gandalf. Assim como o mago acreditava em Frodo, o treinador tinha a convicção de que aquela missão estava ao alcance de Poliana. E que as recompensas valeriam o esforço.

*

Os esforços, no entanto, foram muitos. Contrariada, Poliana aceitou fazer sua inscrição na prova. A motivação vinha principalmente do dinheiro da premiação. O casal nem sequer tinha condições de arcar com os gastos para a disputa. Foram para o Rio de Janeiro de ônibus, de carona com uma equipe de nadadores da categoria Master de Santos que também disputaria a travessia. Tiveram que dividir a conta da estadia no hotel em parcelas a perder de vista.

Mas o pior estava por vir. No dia anterior à prova, foram treinar em Copacabana para fazer o reconhecimento do local. Poliana deu dez braçadas e saiu chorando. Acostumada a nadar somente em piscinas, assustou-se com a imensidão do mar. Quando era mais nova, chegou a disputar algumas travessias. Também sentia medo e, por isso, sempre procurava nadar em grupo ao lado de outras nadadoras. Naquele dia, no entanto, ao se ver sozinha no mar, os sentimentos afloraram. Seu psicológico ficou em frangalhos. Saiu da praia decidida a não competir no dia seguinte.

Poliana na chegada e na premiação da Travessia dos Fortes de 2005.

"Se não estiver se sentindo confortável, não precisa nadar. Vamos assistir a outra nadadora ganhar os dez mil reais", provocou Ricardo. Com efeito.

Na manhã seguinte, Poliana viu-se em um dilema. Competitiva como sempre foi, como ficaria sua consciência se abandonasse uma prova? Refletiu e concluiu que a vontade de ganhar era maior. E, ao ver os mais de quatro mil nadadores inscritos, teve um lampejo de lucidez: "Não é possível que, no meio de tanta gente, um tubarão apareça e ataque só a mim!"

Dada a largada, livrou-se do pelotão de elite logo no início e assumiu a liderança. Nadou isolada na frente praticamente a prova inteira, o que em certos momentos fazia o desespero bater. Mas logo retomava o controle e fazia o que sabia fazer melhor: nadar.

Assim, venceu e bateu o recorde da competição. Na chegada, estava em êxtase. Não experimentava tal sentimento na natação fazia alguns anos. O dinheiro da premiação ajudou, é verdade. Mas a sensação de exorcizar seu medo do mar e de superar um desafio inédito era o que realmente valia naquele momento.

*

"Agora é treinar bastante e fazer um trabalho específico visando ao Rio 2007 e aos Jogos Olímpicos de Pequim 2008."[6] Essas foram as palavras de Poliana logo após a vitória no Rio de Janeiro, referindo-se às provas de 10 km que estreariam nos programas dos Jogos Pan-Americanos e dos Jogos Olímpicos nos anos que viriam.

Brigar por uma vaga olímpica e estar entre as melhores do mundo em grandes competições pareciam sonhos distantes para quem havia disputado a primeira prova de águas abertas para valer de sua vida. A declaração, portanto, pode ter sido da boca para fora, no calor do momento. Ou Poliana sentiu a necessidade de externar uma motivação, ainda que parecesse utópica, para o que poderia vir a seguir.

Dias depois, motivados pelo sucesso na Travessia dos Fortes, Poliana e Ricardo anunciaram que se aventurariam no Circuito Brasileiro de Águas Abertas de 2006. E, com a cabeça mais fria, a nadadora manteve a palavra: "[A maratona aquática] foi a porta aberta que encontrei para tentar defender o Brasil nos Jogos Pan-Americanos e na futura edição da Olimpíada".[7] Para quem pensava em abandonar o esporte, conseguir uma nova visibilidade e outras possibilidades de êxito e premiações não era algo a se ignorar.

As primeiras provas do circuito seriam grandes testes. Ali, poderiam ter uma ideia se a vitória na Travessia dos Fortes havia sido mero acaso ou se Poliana poderia se adaptar às provas em águas abertas. "De preferência, penso em um lugar no pódio. Mas será difícil",[8] disse ela, antes da primeira prova da temporada, em Porto Alegre, na qual terminou na segunda posição. Hoje, a frase parece de uma modéstia quase irritante, proferida por uma futura campeã mundial e medalhista olímpica. Mas tudo era nebuloso à época. E não se perde um medo de uma hora para outra. Nas primeiras provas daquele ano, a fobia de nadar no mar ainda a afligia. Além disso, o jogo de cintura e a vivência em competições são fundamentais para o sucesso de um nadador de águas abertas. "Tenho consciência de que preciso ganhar mais experiência. Nadar em rios, lagos e represas, com condições climáticas adversas em alguns casos, é totalmente diferente do ambiente fechado das piscinas",[9] dizia na época. Mas, mesmo com pouquíssima experiência, logo os êxitos comprovaram que o caminho estava certo. Foram vitórias no Circuito Brasileiro e duas medalhas de prata no Campeonato Mundial de 2006, em Nápoles, na Itália – uma trajetória meteórica. E, em pouco tempo, todos os seus planos foram revirados. "Estão se abrindo portas e perspectivas que nunca tive na natação de piscina."[10]

*

E pensar que, desde sua primeira vitória com recorde em um campeonato paulista, aos 11 anos, até seus 22, em 2005, Poliana e qualquer um que acompanhasse sua carreira tinham certeza de que nadar provas de 400 m, 800 m e 1.500m era o que ela fazia de melhor. "Todos nasceram para ser bons em alguma coisa nessa vida. O difícil é descobrir", diz seu técnico de juventude Ismar Barbosa.

Ismar e Ricardo são unânimes em apontar que, desde cedo, a resistência de Poliana indicava que ela poderia se dar bem em provas mais longas. Era boa nos 400 m, ainda melhor nos 800 m, ótima nos 1.500 m. Se houvesse competições de 3.000 m ou 5.000 m em piscina, talvez ela fosse uma das melhores do mundo. Como não havia, ficou limitada durante muito tempo.

Isso também explica seu sucesso quase imediato na modalidade, enquanto outros grandes nadadores de piscina jamais se deram bem em águas abertas. "Comparar 1.500 m e 10 km é como comparar 200 m e 1.500 m", diz Luiz Lima, ex-nadador olímpico, tetracampeão da Travessia dos Fortes, comentarista de televisão do canal SporTV e embaixador da natação em águas abertas no país. Para ele, alguém que nade bem os 1.500 m pode ter talento e desenvoltura para tal distância, mas não se adaptar a distâncias maiores, simplesmente porque seu corpo não suporta maiores metragens.

A tese é corroborada por Igor de Souza, diretor de maratonas aquáticas da Confederação Brasileira de Desportos Aquáticos (CBDA), que acompanha Poliana desde sua primeira convocação para a seleção na modalidade em 2006, e é um dos maiores especialistas do esporte no Brasil – já cruzou o temido canal da Mancha e tem seu nome imortalizado no Hall da Fama Internacional de Maratonas Aquáticas. "Não necessariamente um nadador de 1.500 m vai se dar bem em águas abertas. Existem muitos nadadores talentosos, mas que não treinam volumes muito altos. Acima de 8, 10 mil metros por dia não aguentam. A Poliana não é dessas. Sempre treinou volumes altíssimos desde jovem, e isso contribuiu para que tenha capacidade de resistir a longas metragens."

Outro aspecto importantíssimo de seu sucesso instantâneo é colocado por Igor, que em 2006 fez pressão para que ela investisse em maratonas aquáticas ao perceber alguns aspectos de sua técnica de nado. "Seu estilo é perfeito para a modalidade. Braços estendidos, bem alongados, boa flutuabilidade, no nível da água, economia de perna e mantendo o corpo bem em cima... É um dos melhores nados do mundo", diz ele. Luiz Lima concorda. "Gosto muito do físico da Poliana para provas de águas abertas. Embora ela aparente certa fragilidade por causa do corpo franzino, isso também é uma vantagem, pois consegue nadar bem em cima d'água. Ela consegue olhar para a frente e, consequentemente, se localizar com facilidade." Tal capacidade é essencial nesse tipo de disputa. Não basta ser rápido na piscina. Em águas abertas, é preciso se localizar sem perder técnica e velocidade e dominar o artifício de olhar para a frente depois de tirar a cabeça da água para respirar. Afinal, as provas não contam com raias, como nas piscinas, e sim somente com algumas boias que definem o contorno do percurso. Saber que tinha facilidade para não perder o rumo na imensidão do mar, talento aprimorado ao longo dos anos, foi uma surpresa para a própria Poliana no início.

Fernando Vanzella é outro especialista que a conhece bem. Em 2004, era treinador no Pinheiros, clube que ela representava, e ajudava Ricardo Cintra a montar seus treinos. Hoje, é o coordenador técnico da seleção brasileira feminina de piscina. "Poliana tem a capacidade de suportar pressão por mais tempo que a maioria dos atletas", afirma. "Além disso, também consegue retornar ao estado de equilíbrio mais rapidamente que uma pessoa normal quando algo a atrapalha e a coloca em uma situação de desconforto." Tal habilidade é importantíssima em águas abertas, pois tratam-se de provas longas com contato físico, com muitas situações adversas inevitavelmente ocorrendo.

Tudo isso explica sua adaptação tão rápida a provas de águas abertas. Seu talento e todo o trabalho feito ao longo dos anos fizeram com que tais provas fossem perfeitas para ela. Aqueles treinamentos extenuantes e de grandes volumes de sua juventude a prepararam para a modalidade. Ela só não sabia disso.

Aos 22 anos, Poliana descobriu. E se descobriu. A carreira de um esportista é curta, e a sua já se encaminhava para o término quando ela finalmente encontrou a verdadeira vocação. Ou talvez a verdadeira lição seja a de que nunca é tarde para mudar.

Assim como Ulisses na *Odisseia*, Alfréd Hajós – o primeiro nadador campeão olímpico – na Olimpíada de 1896 e tantos outros antes e depois, nadar em águas abertas no início revelou-se uma questão de sobrevivência para ela. E que, como nos casos de Ulisses e de Hajós, resultaria em glórias e conquistas.

Escreveu Machado de Assis que "o mundo era estreito para Alexandre; um desvão de telhado é o infinito para as andorinhas". Durante muito tempo, Poliana foi uma andorinha das piscinas e, de repente, tornou-se o Alexandre das águas abertas. De uma hora para outra, a piscina ficou pequena frente ao mar infinito. Assim como Frodo Bolseiro, ela saiu de sua aldeia para conquistar o mundo.

Sangue, suor e lágrimas

Você já teve alguma inflamação no ouvido? Em caso afirmativo, não deve gostar nem de lembrar. Pois imagine a intensidade da dor de um tímpano perfurado. Dói só de pensar.

Agora imagine fazer um exercício físico após sofrer tal contusão. Pior: nadar por duas horas no mar em um esforço sobre-humano com o ouvido explodindo em dor. Tem cabimento sequer imaginar tal possibilidade?

Tem, pois isso aconteceu e foi fundamental para que Poliana Okimoto descobrisse que nasceu para a natação em águas abertas.

*

O ano de 2006 foi uma viagem. Uma viagem com trepidações, altos, baixos, derrapagens, medo e muita emoção.

Aventureira das águas abertas? Hoje soa uma heresia chamá-la dessa forma. Mas, na época, até ela própria considerava-se como tal. Afinal, em novembro do ano anterior, disputara sua primeira prova para valer da modalidade, a Travessia dos Fortes. E, meros nove meses depois, ganhava suas primeiras medalhas em um Mundial.

Assim, subvertia a ordem natural das coisas. Na trajetória normal de um esportista, um pódio em um Mundial viria após um longo tempo de estrada e experiência em todos os tipos de competição. Primeiro, o atleta começa disputando campeonatos regionais, passa para os nacionais, depois triunfa nos continentais e em alguns internacionais e só então tem condições de ser bem-sucedido em uma competição de nível mundial. Foi assim com os grandes nomes brasileiros dos esportes aquáticos, incluindo Ricardo Prado, Gustavo Borges, Fernando Scherer e Cesar Cielo.

Poliana tinha disputado apenas algumas provas do Circuito Brasileiro. Com certo sucesso, principalmente para uma novata, é verdade. Mas nada que indicasse que o Mundial daquele ano renderia mais do que experiência. Afinal, ainda tinha medo do mar e nunca havia disputado uma prova internacional. Conquistou, porém, duas medalhas de prata, nos 5 km e nos 10 km. "Se há uma semana alguém me dissesse que seria duas vezes vice-campeã mundial, eu daria muita risada",[11] chegou a declarar após a competição.

Não era para menos. Sua experiência resumia-se a cinco etapas do Circuito Brasileiro daquele ano. Seus resultados garantiram vaga no Mundial de Águas Abertas, que seria realizado em Nápoles, na Itália, no mês de agosto. Ainda sofria com medo do mar. O que esperar?

*

Poliana desembarcou em agosto em Nápoles para a disputa do Mundial de Águas Abertas. Até 2010, tal campeonato, organizado pela Fina, era realizado a cada dois anos, com início em 2000. Como em anos ímpares era realizado o Mundial de Esportes Aquáticos, contando com provas de águas abertas, então, de 2000 a 2010, em todos os anos houve disputas mundiais de provas da modalidade. E foi nesse Mundial exclusivo do esporte a sua estreia em provas internacionais de sua nova especialidade.

Para ela, era tudo novo. Nem sequer conhecia suas adversárias. A primeira prova foi a dos 5 km. Assumiu a liderança logo após a largada. Como se sentia confortável nadando, manteve a posição. A estratégia parecia suicida, mas não em sua cabeça. Para quem via de fora, parecia uma novata inexperiente que não sabia como dosar uma prova de uma hora de duração. Até mesmo os técnicos da seleção brasileira estavam ressabiados. Diziam que as nadadoras de elite tinham um início de prova forte, um miolo também forte e um final mais forte ainda. Eles apenas não sabiam que Poliana era uma dessas.

O melhor resultado do Brasil em um Mundial de Águas Abertas havia sido um 11º lugar de Guilherme Bier em 2001. Ao menos nesse tipo de competição, o Brasil estava para a modalidade assim como a Finlândia está para o futebol. Por isso, quando Poliana apareceu liderando a primeira das duas voltas, a delegação brasileira foi ao delírio. "Fomos à loucura quando vimos que ela estava na frente", lembra Luiz Lima, que também nadou naquele Mundial. "Era algo totalmente inesperado." Ainda faltava meia hora de prova, mas aquele resultado parcial já era inimaginável. Lembre-se, estamos falando de uma nadadora que começara a levar a sério a modalidade menos de um ano antes.

Exata 1h08min19s depois da largada, Poliana fazia história ao chegar na segunda posição: jamais uma nadadora da América Latina havia chegado ao pódio em Mundiais da modalidade, dominados primordialmente por nadadoras europeias, com eventuais destaques da Austrália e dos Estados Unidos. Mais ainda: entre mulheres, era a primeira medalha do Brasil em nível mundial nos esportes aquáticos. Uma espera que se iniciou quando Maria Lenk bateu recordes mundiais e tornou-se favorita a medalhas nos Jogos Olímpicos de 1940, que não se realizaram por causa da Segunda Guerra Mundial. Nomes como Piedade Coutinho, Fabiola Molina, Joanna Maranhão e Flavia Delaroli brigaram muito e até chegaram perto de uma conquista como aquela. Mas a pioneira foi mesmo Poliana. Um feito inédito e gigantesco, uma recompensa à ousadia de abandonar a zona de conforto e se arriscar em mar aberto. "Só os aventureiros têm convicções. De quê? De que têm de vencer. Por isso vencem" (Charles Baudelaire).

*

Dois dias depois, um desafio maior: a prova de 10 km. A prova nobre das águas abertas, por ser a distância que viria a ser disputada em Jogos Olímpicos. E justamente a que corresponde, em tempo de duração, à maratona de rua, prova nobre do atletismo – cerca de duas horas.

Nessa disputa, a inexperiência de Poliana era mais flagrante. Havia nadado a distância somente uma vez, menos de dois meses antes, na etapa do Circuito Brasileiro de Salvador. Mas, com a prata nos 5 km, passou a ficar visada. Percebeu isso logo antes da largada da prova, na época feita dentro d'água. Notou que era seguida por algumas adversárias.

Com as medalhas
do Campeonato Mundial de
2006 e uma proteção
no ouvido lesionado.

Mesmo perseguida, confirmou a incrível e meteórica adaptação à modalidade: mais uma medalha de prata, atrás da russa Larisa Ilchenko, que também havia vencido os 5 km. E poderia ter sido melhor, não houvesse um imprevisto.

Logo na largada, levou uma cotovelada de uma adversária na cabeça. "Comecei a ficar enjoada, mareada, porque bateu no ouvido e mexe com o labirinto. Fiquei muito esquisita durante a prova. A vontade era de ter parado ali, porque eu sentia muita dor. Fiquei duas horas com aquela dor, mas queria muito aquela medalha. Foi a maior superação que tive em uma prova na minha vida."[12]

Quando terminou a prova, viu que por seu ouvido escorria pus e sangue. Foi para o pódio receber sua medalha de prata. Não sabia se chorava de emoção ou de dor. Um exame confirmou o que havia de errado em seu ouvido direito: seu tímpano havia sido perfurado. Mesmo sentindo-se mal, não podia imaginar que a lesão era tão grave.

A cotovelada foi dada justamente por Ilchenko. É difícil dizer se foi proposital ou não. Mas o fato é que tal contato ocorreu porque a russa "marcava" Poliana, tentando intimidá-la e desconcentrá-la. E, logo em sua primeira competição internacional, a brasileira teve dois sabores: o da glória, de ter conquistado duas medalhas, e o da responsabilidade, ao se dar conta de que, uma vez entre as melhores do mundo, não teria mais vida fácil dali para a frente.

Em vez de remoer a perda da medalha de ouro e atribuir a vitória de Ilchenko ao incidente, fez o "jogo do contente", do livro que inspirou seu nome (como vimos no capítulo "Estava escrito"), e preferiu encarar de outra forma. "Foi fruto da falta de experiência em maratonas tão fortes. É preciso saber como largar bem, mas também se proteger."[13] Considerou aquilo um aprendizado.

Em um curtíssimo espaço de tempo, Poliana passou de novata no esporte a uma das melhores do mundo. E sabia que todas as lições que poderia tirar de suas provas seriam valiosas para voos mais altos.

*

Para alguém que sempre tentou planejar sua carreira e buscar os melhores caminhos, a meteórica ascensão nas águas abertas era surpreendente.

Em março de 2007, disputou o Mundial de Esportes Aquáticos em Melbourne, na Austrália. Terminou na sexta colocação nos 5 km e na oitava nos 10 km, atrapalhada pelo frio, um fantasma que voltaria a assombrá-la outras vezes, e pela falta de ritmo, visto que ficou boa parte do segundo semestre de 2006 sem treinar, recuperando-se da cirurgia para reconstrução do tímpano. Ainda assim, foi a melhor nadadora das Américas em ambas as provas.

Mas o principal desafio do ano seriam os Jogos Pan-Americanos, que voltariam ao Brasil após 44 anos. Pela primeira vez, as provas de águas abertas fariam parte do programa. Mais do que isso: abririam as competições do evento.

As medalhas conquistadas no Mundial de 2006 deram a Poliana projeção e *status* que jamais tivera em 11 anos de natação competitiva. E, com isso, veio a pressão.

Na programação inicial, a prova masculina seria realizada antes da feminina. Mas a esperança de uma vitória de Poliana era tanta que a ordem foi invertida, para que a primeira medalha de ouro da competição fosse brasileira. Para a imprensa, ela dava de ombros. "Não me considero favorita e nem acredito nisso, afinal, ninguém ganha de véspera",[14] ela alertava, consciente dos imprevistos de competir no mar. Mas a pressão era grande. A ordem das provas havia sido mudada exclusivamente por sua causa. E jamais ela havia nadado para uma torcida tão grande, tanto presencialmente como pela televisão.

No Rio de Janeiro, nas águas de Copacabana, nadou como se fosse a última prova de sua vida. E o ouro não veio por um detalhe. Após uma arrancada final alucinante, em que deixou a terceira colocada para trás e encostou na líder, a americana Chloe Sutton, ambas bateram na placa de chegada praticamente juntas. Poliana chegou a erguer o braço primeiro, mas, com o mar agitado, a americana, como ela própria confessaria depois, foi ajudada por uma onda e conseguiu tocar antes.

Hoje, comparando o retrospecto das duas nadadoras, a diferença é flagrante: Poliana, além de medalhista olímpica, tem seis medalhas em Mundiais. Sutton tem apenas uma. Em comparação com a americana, a brasileira era amplamente favorita. Igor de Souza explica: "Em um Mundial, o sucesso depende muito mais da estratégia, até porque são vários em condições de vencer. Em um Pan, uma franco-atiradora como Sutton tem mais chances do que em um Mundial. São muito menos atletas, e é possível ficar vigiando os favoritos. Ela mirou em Poliana e teve sucesso."

"Essas lágrimas são de alegria, por tudo aquilo que lutei até agora. Estou muito feliz. Defendi o Brasil e conquistei a primeira medalha. Foi por uma braçada em 10 quilômetros",[15] declarou Poliana após a prova.

As lágrimas, sim, eram de alegria e superação. Após a cirurgia no tímpano e a pausa nos treinamentos, Poliana chegou a ter dúvidas sobre se voltaria à forma, primeiro para se classificar para a competição e depois para brigar por medalhas.

Batalha acirrada nos
Jogos Pan-Americanos
de 2007 contra a
americana Chloe Sutton.

Mas também havia algumas lágrimas de tristeza. Apesar de não admitir, a perda do primeiro lugar pesava. Tanto que, em todas as suas declarações, lamentou o fato de não vencer a prova por uma braçada. Seria a primeira medalha de ouro pan-americana feminina dos esportes aquáticos do Brasil, que só sairia em 2015, com Etiene Medeiros.

Mas, mesmo assim, a prata confirmou ainda mais sua condição de pioneira. Foi a primeira medalha pan-americana da história das águas abertas do país e também o primeiro pódio brasileiro naquela competição.

Ela sabia que aquela conquista seria um divisor de águas. A concorrência em um Mundial é mais acirrada, mas a visibilidade de um Pan realizado no Rio de Janeiro é sem igual. E o sabor de uma conquista de tal quilate perante seu público, seus amigos e sua família é uma experiência única na vida.

E quem diria que aquela experiência única seria repetida nove anos depois...

Lições de Pequim

Imaginem a manchete dos jornais no dia 18 de agosto de 2008: "Nadadora brasileira impede o maior feito da história olímpica".

A nadadora em questão é Poliana Okimoto, e o maior feito da história olímpica são as oito medalhas de ouro conquistadas pelo americano Michael Phelps nos Jogos Olímpicos de Pequim, em 2008.

Pensar que tal episódio pudesse realmente ter acontecido é um exagero. Mas é uma forma de ilustrar o encontro com o maior nadador de todos os tempos.

Poliana desembarcou em Pequim para nadar a prova dos 10 km, bem cotada pelos resultados do Mundial de 2006 e do Pan de 2007. Chegou alguns dias antes de sua prova, que seria realizada no dia 20 de agosto. No dia 16, à tarde, foi realizar um treinamento na piscina do Cubo d'Água, espetacular construção erguida pelos chineses para a realização das provas de natação naquela Olimpíada.

A nadadora executava uma série de intensidade alta e dividia a raia com um nadador, que relaxava na piscina e não se preocupava muito com os outros atletas que iam e voltavam.

Poliana nem ligou. Em dado momento, precisou ultrapassar aquele rapaz para cumprir a metragem da série. Como ele não deu passagem, praticamente passou por cima e o atropelou – prática comum no mundo da natação, como uma forma de chamar a atenção do colega para o trânsito na raia.

Quando terminou a distância, Ricardo Cintra a avisou: "Você viu quem acabou de atropelar? O Michael Phelps!"

Poliana engoliu seco. E riu da situação com o americano, quando o encontrou na borda da piscina. Àquela altura, Phelps havia nadado sete provas naquela Olimpíada. Foi ouro em todas. No dia seguinte, teria sua última disputa, o revezamento 4x100 m *medley*, e se vencesse se tornaria o maior medalhista em uma única edição de Jogos Olímpicos – superando o compatriota e também nadador Mark Spitz, que vencera sete provas em 1972.

O casal estava nas arquibancadas do Cubo d'Água quando Phelps ajudou a equipe americana a vencer aquele revezamento e subiu no pódio para receber sua oitava medalha de ouro, ingressando de vez no rol dos imortais do esporte. Ao ver o tiro final de Phelps, Poliana se lembrou do encontrão do dia anterior. Imaginou que, em uma infelicidade, poderia até ter lesionado o americano e esse oitavo ouro ficaria comprometido. Mas nada disso aconteceu. Toda uma geração sente grande privilégio por ter assistido àquele feito pela televisão. Para Poliana, que viu a história acontecendo à sua frente, o impacto foi ainda maior.

E o episódio virou uma bela lembrança para ser compartilhada.

*

A mesma Olimpíada de 2008 que consagrou Michael Phelps também viu o ápice da natação brasileira em Jogos Olímpicos. Das vigorosas braçadas de Cesar Cielo saiu a primeira – e até hoje única – medalha de ouro da natação nacional olímpica. Poliana não viu aquela conquista ao vivo, pois a prova dos 50 m livre ocorreu no dia 16 de agosto, e ela só teve a oportunidade de assistir às provas das arquibancadas do Cubo d'Água no dia seguinte. Mas, pela televisão, vibrou com a vitória inédita para o país.

Quando era jovem, encantava-se com as conquistas olímpicas de Gustavo Borges e Fernando Scherer. Mas, por mais que fossem grandes referências, a relação era de ídolos e fã. Apesar de ter feito parte da seleção brasileira de na-

Poliana Okimoto
e Cesar Cielo.

tação ao lado deles em algumas ocasiões, não havia grande proximidade, até pela diferença de idade.

A influência de Cesar, por outro lado, foi muito maior. Afinal, o conhecia desde 2004, quando ele era uma jovem revelação que começava a despontar no cenário nacional. Foi naquele ano que Poliana passou a defender o Esporte Clube Pinheiros, clube no qual ele treinava. "Criamos uma proximidade na época por causa do Ricardo Cintra", lembra Cesar, referindo-se ao treinador, então namorado e futuro marido de Poliana. "Em seus tempos de nadador, ele era velocista como eu, e conversávamos bastante sobre grandes ídolos, como Alexander Popov, Gary Hall e outros. Isso fez com que eu ficasse próximo dos dois."

Com isso, Poliana acompanhou e vibrou com a evolução daquele jovem talentoso que em 2006 superou um lendário recorde sul-americano dos 100 m livre de Fernando Scherer e que em 2007 foi finalista no Mundial de Melbourne e campeão pan-americano dos 50 m e 100 m livre, com um dos melhores tempos do mundo na prova mais curta.

E o primeiro pensamento quando o viu conquistar a medalha olímpica de ouro em 2008 foi: "Ele é de carne e osso como eu. Ele treinou muitas vezes na raia ao lado da minha. Ele faz as mesmas coisas que eu faço. Se ele pode, outros brasileiros também podem. Eu também posso!". Ele não era um extraterrestre ou um herói inalcançável, como Gustavo Borges e Fernando Scherer. Naquele momento, Cesar Cielo tornava-se para Poliana, e para muitos brasileiros, uma inspiração tangível.

Não poderia haver melhor motivação para sua estreia olímpica.

*

As conquistas de 2006 e 2007 colocaram Poliana no radar como uma das concorrentes a medalha em Pequim. No entanto, ela não teve vida fácil em sua preparação. Às vésperas da disputa de sua primeira Olimpíada, não tinha sequer à sua disposição um local aquecido para treinar. Até o ano anterior, treinava na Unimonte, em Santos, cuja piscina fora aterrada para a construção de um estacionamento. Cogitou uma mudança para São Paulo, pois a prioridade era conseguir uma piscina de 50 metros para os treinamentos. Na Baixada Santista havia pouquíssimas com tal metragem, e nenhuma delas à disposição de Poliana. Foi quando entrou em cena o deputado estadual Luciano Batista, que, após uma conversa com Ricardo Cintra, avaliou que seria um grande prejuízo para a região perder uma nadadora olímpica por falta de local para nadar. Luciano intermediou as negociações com o Sest/Senat em São Vicente. Com a ótima estrutura, a nadadora ficou animada. O único detalhe é que a piscina não possuía aquecimento. O que durante um tempo não foi problema, pois o planejamento era que o sistema de aquecimento fosse instalado antes da época de frio. No entanto, por diversos problemas, a instalação foi sendo adiada. No período próximo aos Jogos Olímpicos, nos meses de maio e junho, o inverno aproximava-se, e treinar em águas geladas ficava cada vez mais difícil. A nadadora não se abatia e fazia malabarismos para continuar a preparação. Para se proteger das baixas temperaturas, nadava com uma roupa de borracha, que, apertada e utilizada por muitas horas, resultava em cortes profundos, principalmente na região do pescoço.

Quando a situação ficou insustentável, ela e Ricardo foram para São Paulo, hospedaram-se na casa dos pais dela e realizaram a etapa final da preparação no Corinthians, clube do qual eram sócios. No entanto, por não fazer parte da equipe competitiva do clube na época, não treinava na piscina de 50 metros destinada à natação, e sim na de 25 metros para saltos ornamentais, dividindo espaço com sócios do clube. Em vez de ter tranquilidade e estrutura para preparação em um período tão importante em que visava ao maior evento do mundo, precisou encarar adversidades que soam surreais para uma atleta de nível olímpico. Ainda assim, na época, jamais reclamou e lutou até o fim por uma medalha na prova de 10 km na Olimpíada de Pequim.

Poliana e Ricardo sentiram na pele as dificuldades da falta de estrutura. A partir de então, fariam o possível para não passar por situação semelhante, com muito planejamento anterior. Foi uma lição deixada por aquele período. E outras viriam na própria disputa olímpica.

*

O cenário da prova inaugural de 10 km em águas abertas nos Jogos Olímpicos de Pequim, em 2008, seria um lago construído especialmente para o evento, e que também abrigaria provas de canoagem e caiaque.

Poliana teria a companhia de sua compatriota Ana Marcela Cunha, de apenas 16 anos, que vinha conquistando espaço na elite da modalidade. Ambas obtiveram classificação por terem terminado a prova entre as dez primeiras colocadas no Mundial de Sevilha, em maio daquele ano. Também competiria contra a sul-africana Natalie du Toit, que entraria para a história das Olimpíadas. Com a perna esquerda amputada na altura do joelho, conseguiu a classificação olímpica ao terminar a prova de Sevilha na quarta posição. É, até hoje, a única atleta amputada a nadar em uma edição dos Jogos Olímpicos.

A disputa seria composta de quatro voltas de 2,5 km. Uma coisa era garantida: não haveria problemas com água fria no quente verão chinês, tampouco mar turbulento.

Mas calmas só estavam as águas. A tensão e a ansiedade pela disputa das primeiras medalhas olímpicas da história da modalidade fizeram com que os nervos ficassem à flor da pele. E que a prova tomasse contornos atípicos.

Desde o início, Poliana e Ana Marcela colocaram-se no pelotão dianteiro. Durante grande parte da prova, as britânicas Keri-Anne Payne e Cassandra Patten nadaram lado a lado na liderança. Vindo logo atrás, a russa Larisa Ilchenko, como de costume, conseguiu poupar energia para o final e, nos últimos 150 metros, não encontrou dificuldade para fazer as ultrapassagens e conquistar a medalha de ouro. Após vitórias nos cinco Mundiais anteriores, consolidava-se como o maior nome do esporte e imprimia uma hegemonia em provas femininas de águas abertas que provavelmente demorará a se repetir.

Payne e Patten ficaram com as medalhas de prata e de bronze. Mas não foi a disputa entre as duas britânicas que mais chamou a atenção, e sim entre as duas brasileiras. E o duelo fez com que Poliana e Ana Marcela saíssem prejudicadas. O resultado final não foi ruim. Mas poderia ter sido melhor.

Natação em águas abertas é um esporte no qual o contato físico é onipresente. Por mais que existam regras para proteger os nadadores contra comportamentos desleais, o contato e o jogo de corpo existem e fazem parte das estratégias dos competidores.

Poliana e Ricardo, na época com apenas dois anos de experiência internacional na modalidade, admitem hoje que faltaram tarimba e treinamento para lidar com situações extremas nas competições, que podem até ser imorais, mas não ilegais. Ainda não tinham adquirido o nível de preparo, tanto físico quanto mental, para contornar o que viria a ocorrer naquela prova olímpica.

Em um momento decisivo da prova, faltando pouco mais de 500 metros para a chegada, Poliana brigava pelo terceiro lugar, atrás somente de Payne e Patten, ao lado de outras nadadoras, como a russa Ilchenko, a alemã Angela Maurer e Ana Marcela. E não conseguiu evitar ser prensada contra a parede de pedras na margem do lago, principalmente pela nadadora brasileira. Por ser fisicamente mais fraca que sua compatriota, começou a se desesperar. Ricardo, que estava em uma plataforma designada aos treinadores, podia notar o olhar

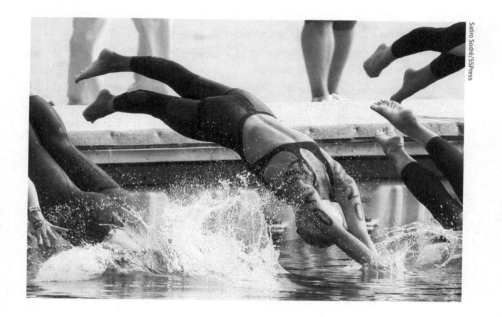

Largada da prova
de 10 km dos Jogos
Olímpicos de 2008.

angustiado de Poliana, como se pedisse ajuda para se livrar daquela situação. Com a prova prejudicada, não conseguiu se impor diante das adversárias contra as quais disputava posições.

"Não sei se uma atrapalhou a outra. Mas a gente perdeu o vácuo. Poderíamos ter chegado junto das outras",[16] disse uma decepcionada Poliana após a prova. "Foi muito ruim. Acho que uma das duas poderia ter conseguido ir ao pódio",[16] declarou Ana Marcela na época, reconhecendo que o calor do duelo não só atrapalhou Poliana, mas a ela própria na disputa por medalhas. "Era difícil cobrar", lembra Igor de Souza. "A Ana Marcela era muito nova, tinha só 16 anos. E a Poliana ainda não tinha todos os macetes para a disputa, estava só há dois anos competindo internacionalmente. O resultado foi bom, mas com certeza poderia ter saído uma medalha."

No final, Ana Marcela em quinto e Poliana em sétimo. Para Ana, era a melhor colocação olímpica feminina do país em esportes aquáticos até então, igualando Piedade Coutinho nos 400 m livre em 1936 e Joanna Maranhão nos 400 m *medley* em 2004. Mas ficou o gosto de quero mais. Especialmente para Poliana, que entrou na última volta em terceiro lugar. Ela não esconde que saiu frustrada da prova e que ainda se chateia ao recordar o episódio. Admite que a inexperiência pesou na época e que, se a prova tivesse ocorrido anos depois, saberia contornar aquela situação.

As nadadoras brasileiras haviam obtido um resultado respeitável e provado estar entre as melhores do mundo. Mas talvez aquele momento tenha sido o mais significativo na história da rivalidade. Ao longo do tempo, passariam a extrair muito mais benefícios da disputa.

Pioneirismo

Poliana Okimoto costuma dizer que a natação lhe deu muito.

Desde criança, sua vida é vivida em função do esporte. O talento precoce foi desenvolvido com muito esforço, e seus pais investiram tempo e dinheiro em sua formação.

Com o tempo, ela soube aproveitar as oportunidades. Quando começou a receber um dinheirinho pela primeira vez, ao se vincular ao Corinthians em 1997, ajudava nas despesas de casa. As contas ficavam cada vez mais pesadas para os pais, que faziam questão de que os três filhos estudassem em boas escolas e que se mantivessem na natação, um esporte não muito barato. Yoshio Okimoto se desdobrava e fazia muitas horas extras em seu consultório de dentista, mas o dinheiro conseguido pela filha naquela época era de uma ajuda tremenda.

Quando ingressou na faculdade, tinha bolsa de estudos por representar sua universidade em competições. Com isso, seus pais não precisavam mais se preocupar com seus gastos nos estudos. Mas seus irmãos, André e Alisson, tinham o sonho de se tornar médicos. Após ingressar nas competições em águas abertas e obter destaque internacional a partir de 2006, Poliana conseguiu patrocínios e melhores contratos com os clubes que representava. E principalmente nesse período conseguiu ajudar financeiramente seus irmãos a se manterem em faculdades de Medicina de universidades federais morando em cidades no interior do estado de São Paulo.

Por isso, não são apenas recordes e vitórias que ela tirou da natação. Avalia que, se não fosse o esporte, talvez ela e seus irmãos tivessem que começar a trabalhar mais cedo e nem teriam tido a oportunidade de ingressar no ensino superior.

Mas, por outro lado, Poliana também deu muito à natação. Em uma década, de 2006 a 2016, colocou seu nome na história pelos feitos pioneiros, levando o Brasil ao topo do mundo em uma modalidade em que o país tinha pouquíssima tradição competitiva.

A natação brasileira lhe agradece.

*

Final do século XIX. A primeira piscina de competição surge em território brasileiro, em Porto Alegre, às margens do rio Guaíba. No Rio de Janeiro, é disputado o primeiro campeonato oficial de natação do país, na baía de Guanabara.[17] Em 1920, ocorre a primeira participação olímpica de nadadores brasileiros, nos Jogos da Antuérpia.

Em mais de um século de história, a natação brasileira viu o surgimento de ídolos. E, tão importante quanto eles, foram os pioneiros. Aqueles que alcançaram feitos inéditos e abriram caminho para que outros seguissem seus passos.

Alguns são lembrados até hoje. Maria Lenk foi a primeira sul-americana a disputar uma edição de Jogos Olímpicos e, além disso, a primeira brasileira a conseguir recordes mundiais na natação. Tetsuo Okamoto foi o primeiro medalhista pan-americano (1951) e olímpico (1952) do país nas águas. Em 1978, Rômulo Arantes consagrou-se como o primeiro brasileiro a conquistar uma medalha em Mundiais na natação.

*

Em águas abertas, uma modalidade relativamente nova, Poliana é pioneira. Foi a primeira nadadora brasileira medalhista em um Mundial, em 2006. Com a prata na prova inaugural de maratona aquática no Pan de 2007, tornou-se a primeira atleta do país a subir no pódio da modalidade na história da competição.

Motivada pela inclusão da prova de 10 km nos Jogos Olímpicos de Pequim, em 2008 (anunciada em 2005), a Fina anunciou em 2007 a criação de um circuito mundial de provas de 10 km, a Copa do Mundo de Maratona Aquática. Nos anos anteriores já existia uma série de competições disputadas anualmente em águas abertas, mas com distâncias variadas, o que se mantém até hoje. O novo formato reuniria diversas provas ao redor do mundo exclusivamente na distância olímpica, com premiações em dinheiro e com um *ranking* ao final da temporada para apontar os melhores do ano.

Em junho, na etapa de Sevilha, na Espanha, Poliana conquistou a medalha de bronze e tornou-se a primeira brasileira a subir ao pódio na história do circuito. Três meses depois, foi ainda mais longe. Na etapa de Shantou, na China, consagrou-se como a primeira nadadora do país a vencer uma prova. Chegaria na primeira colocação também na etapa seguinte, em Hong Kong, e terminaria o ano na terceira posição do *ranking* geral, atrás das alemãs Angela Maurer e Britta Kamrau-Corestein. Com o foco nos treinamentos para os Jogos Pan-Americanos, competiu em apenas 5 das 11 etapas. Tivesse ela disputado todo o circuito, certamente brigaria pelo título. Mas esse dia não tardaria a chegar.

*

Ao ficar fora do pódio nos Jogos Olímpicos de Pequim, em 2008, Poliana terminava um ano sem uma conquista expressiva pela primeira vez desde que começara a se aventurar em maratonas aquáticas. E também, pela primeira vez, perdia o posto de principal maratonista aquática do país para Ana Marcela Cunha.

Mas uma coisa que sempre fez foi mergulhar de cabeça nos treinos após os momentos adversos. Não há nada melhor que uma bela derrota para servir de motivação. Foi o que fez após a Olimpíada. De novo, a história do "jogo do contente": perder é ruim, mas sempre é possível tirar algo de bom.

A recompensa foi quase imediata, registrando seu melhor início de Copa do Mundo, em 2009, com um ouro em Setúbal, Portugal, e uma prata em Santos.

Confiante, desembarcou na Itália, país de belas lembranças do Mundial de 2006. Dessa vez, para a disputa do Mundial de Esportes Aquáticos, em Roma.

Aquela edição é lembrada por representar o auge dos trajes tecnológicos na natação. Tais trajes viraram uma febre entre 2008 e 2009 e ajudavam os nadadores a melhorar suas marcas por diminuírem o atrito do corpo com a água e por comprimirem os músculos, retardando o cansaço. Com isso, aquele Mundial viu uma avalanche de recordes. Para o Brasil, foi especial pelo desempenho de Cesar Cielo: medalhas de ouro nos 50 m e 100 m livre, com recorde mundial nesta última.

Cielo foi o grande destaque. Mas quem subiu primeiro ao pódio naquela competição foi Poliana. Fazia 15 anos que o Brasil não conquistava medalhas em Mundiais de Esportes Aquáticos – as medalhas conquistadas por ela em 2006 foram no Mundial de Águas Abertas, exclusivo da modalidade. As últimas haviam vindo em 1994, na mesma Roma, com os bronzes de Gustavo Borges nos 100 m livre e com a equipe do revezamento 4x100 m livre masculino. Desde que o evento começou a ser realizado, em 1973, jamais o país ficara tanto tempo sem subir ao pódio. Como as provas de águas abertas seriam realizadas antes das de natação em piscina, haveria chance de encerrar o jejum brasileiro.

E de fato, logo no primeiro dia de competições, ela trouxe o Brasil de volta ao pódio. Na prova de 5 km disputada na praia de Ostia, arrancou do quinto para o terceiro lugar na reta final, superando a espanhola Yurema Requena. Mais uma vez, a marca do pioneirismo: foi a primeira medalha feminina para o país em um Mundial de Esportes Aquáticos.

"É uma honra quebrar esse jejum de 15 anos sem medalhas para toda a natação. Só nos últimos 200 metros que consegui ficar na briga pela medalha de bronze. Aí pensei que o Brasil é mais garra, é mais força e é assim que a gente tem que ser na prova",[18] disse após a disputa.

Cesar Cielo lembra o quanto a conquista foi importante. "Lembro-me de uma reunião com atletas e técnicos antes do início das provas em piscina em que falávamos que nossa participação já iria começar com uma medalha de bronze, da Poliana. Foi importantíssimo para aliviar um pouco da pressão sobre a gente, pois, com minha vitória olímpica no ano anterior, havia uma certa obrigação para a equipe de não passar em branco aquela competição em termos de medalhas."

Poliana Okimoto | 75

Comemoração pela conquista
da medalha de bronze na
prova de 5 km no Campeonato
Mundial de 2009, em Roma.

A prova de 10 km em Mundiais jamais é disputada no dia seguinte à dos 5 km, havendo pelo menos um dia de descanso para a recuperação dos atletas. Mas, em Roma, um vendaval destruiu parte das instalações antes do início das provas, alterando o calendário e fazendo com que, na nova programação, os 5 km e os 10 km tivessem que ser realizados em dias consecutivos.

Desgastada pela prova anterior, Poliana terminou na sétima posição. Até o contorno da última boia, que marcava o início da reta final, estava entre as quatro primeiras, mas sentiu o cansaço próximo à chegada. Naquelas condições, o resultado podia ser considerado satisfatório. Das dez primeiras dos 10 km, apenas duas nadadoras haviam competido os 5 km no dia anterior. Uma delas era Poliana.

Não é exagero afirmar que, em condições normais, ela chegaria ao pódio dos 10 km, pois era a prova para a qual dedicava maior atenção. A boa fase que continuaria demonstrando até o final do ano faria essa especulação soar quase como uma certeza.

*

Após a Olimpíada de 2008, Poliana e Ricardo perceberam que precisariam frequentar muitas provas de águas abertas para conquistarem a experiência necessária para chegar a uma edição de Jogos Olímpicos com mais chances de pódio. Seria preciso, na visão deles, passar pelas mais diversas, e adversas, situações para estarem acostumados com qualquer tipo de imprevisto.

Levando ao pé da letra essa filosofia em 2009, eles não imaginavam que o resultado seria tão bom em um prazo tão curto.

Para a tão sonhada experiência, a Copa do Mundo de Maratona Aquática seria o melhor caminho. Naquele ano, o circuito seria composto de 12 provas na distância de 10 km, nas mais variadas locações: lagos, represas, mares. Além do atrativo de nadar contra as melhores do mundo. E, claro, os prêmios em dinheiro, que, se viessem, seriam muito bem-vindos.

Até a quarta etapa, o saldo era positivo. Disputara três, com uma vitória e dois segundos lugares. Mas, a partir da quinta prova, foi impecável: 8 vitórias em 8 provas. Uma sequência jamais igualada entre as mulheres. E, ao final do ano, a melhor campanha da história até hoje: 9 vitórias em 12 etapas, sendo 11 pódios em todas as provas que nadou. Com isso obteve a liderança disparada no *ranking*, à frente da segunda colocada, Angela Maurer, da Alemanha, e o prêmio de 15 mil dólares.

Como de costume, mais uma conquista para a pioneira: nunca na história do país outro atleta vencera um circuito mundial nos esportes aquáticos.

*

Poliana terminou o ano de 2009 com uma projeção inédita em sua carreira. Teve seu nome indicado na lista das três melhores atletas do ano no Prêmio Brasil Olímpico, organizado pelo Comitê Olímpico Brasileiro (COB). Foi aclamada pela Fina como o principal nome das águas abertas entre as mulheres da temporada, sendo capa da revista bimestral da entidade, e escolhida uma das 100 pessoas mais influentes do país daquele ano pela revista *Época*.[19] Também frequentou os principais programas de televisão. Apesar de ter sido medalhista mundial e pan-americana nos anos anteriores, foi em 2009 que as pessoas começaram a prestar mais atenção nos seus feitos, em grande parte devido à exposição que a modalidade teve com a disputa da Olimpíada de 2008.

De fato, entre 2006 e 2009, teve conquistas pioneiras para o Brasil em praticamente todo tipo de competição que nadou em águas abertas: Mundial de Esportes Aquáticos, Mundial de Águas Abertas, Jogos Pan-Americanos e Copa do Mundo. Nessa lista ficou um porém: justamente os Jogos Olímpicos. Não parece ter sido por acaso. O melhor ficou por último, e ela ainda teria que batalhar muito por essa conquista. O que a deixou mais saborosa.

Todos os caminhos iriam levá-la ao Rio de Janeiro, em 2016.

O papel do ídolo

O ano é 1996. Poliana Okimoto vence campeonatos paulistas e brasileiros e, aos 13 anos, é considerada um fenômeno da natação do país. Naquele mesmo ano, Gustavo Borges e Fernando Scherer brilham nos Jogos Olímpicos de Atlanta, com três medalhas.

Os ídolos fazem com que a natação tenha uma visibilidade inédita. Onipresentes em programas de televisão e campanhas publicitárias, tornam-se dois dos rostos mais reconhecidos do país.

Na escola onde estuda, por saberem da relação de Poliana com o esporte, invariavelmente o assunto das conversas desemboca em Gustavo e Fernando. A nadadora reverencia os ídolos e os tem como referência. Mas, vez ou outra, deixa escapar: "Minhas maiores inspirações são Janet Evans e Patricia Amorim."

Quem? O Brasil tinha dois dos melhores nadadores do mundo e os verdadeiros heróis de Poliana eram duas nadadoras desconhecidas do grande público. E talvez o fato ajude a explicar por que grande parte da tradição internacional da natação brasileira deve-se às conquistas masculinas.

*

A falta de referências sempre foi um problema para a natação feminina do país. Nunca houve grandes heroínas, com o nível de exposição de um Gustavo Borges ou um Fernando Scherer, que tivessem o poder de inspirar novas gerações. Não é à toa que, antes de 2016, as 13 medalhas olímpicas conquistadas pelo Brasil na natação haviam sido obtidas em provas masculinas.

Poliana vibrava e se emocionava com as conquistas dos ídolos. Mas não os utilizava como inspiração direta. Primeiro, porque nadavam provas de velocidade, e ela era especialista em longas distâncias. Mas, principalmente, porque eram homens. É muito importante a existência de um herói com quem o atleta possa se identificar. No seu caso, soube muito bem driblar essa dificuldade.

Talvez o nome de Janet Evans não seja muito familiar para quem acompanha a natação apenas de forma eventual, principalmente para as novas gerações. Mas quem viveu em sua época sabe o tamanho de sua influência e o quanto seu nome ficou marcado na história do esporte.

Foi por muitos anos a queridinha da natação dos Estados Unidos. Começou a se destacar na segunda metade da década de 1980 e teve seu auge nos Jogos Olímpicos de Seul, em 1988, nos quais venceu os 400 m e 800 m livre e os 400 m *medley*. O recorde mundial dos 400 m livre estabelecido na ocasião seria superado somente em 2006 e era na época o mais antigo da natação. Aposentou-se em 1996 com quatro medalhas olímpicas de ouro e o *status* de maior nadadora de provas de longas distâncias da história da natação. Hoje, está no rol de esportistas que carregam uma aura mítica e faz parte do panteão das lendas olímpicas.

Pois foi Janet Evans a grande inspiração de Poliana em seu início de carreira. Por influência do técnico Ismar Barbosa, assistia a vídeos da americana e ficava impressionada com suas vitórias e recordes. Servia também de inspiração em seu modo de nadar. Evans tinha uma técnica pouco ortodoxa para a época de nadar o estilo *crawl*, utilizado nas provas do nado livre, com o cotovelo estendido. Poliana desenvolveu sua técnica de nado totalmente espelhada no da americana, também com os braços retos e com alta frequência de braçadas, de modo a não perder eficiência. Tal técnica seria fundamental em sua futura adaptação para provas de águas abertas.

*

Mas Poliana também teve referências nacionais. Houve um tempo em que Patricia Amorim era chamada de Janet Evans brasileira. Mesmo não logrando conquistas olímpicas ou mundiais, era realmente um fenômeno para os padrões brasileiros. Para o grande público, hoje ela é mais conhecida por ter sido presidente do Flamengo por três anos, entre 2010 e 2012. Como nadadora, foi a principal estrela do país de sua época, absoluta nas provas de 200 m, 400 m e 800 m livre em seu auge. Em 1988, tornou-se a primeira nadadora brasileira a classificar-se individualmente para uma Olimpíada desde 1972. Ou seja, foi a referência solitária de uma época difícil para a natação feminina do Brasil.

Poliana não teve a oportunidade de acompanhar sua carreira *in loco*, pois Patricia aposentou-se das competições em 1994. Mas as histórias e, principalmente, os recordes ficaram. Entre 1996 e 1999, os recordes sul-americanos de 400 m e 800 m livre passaram a ser a meta.

Em 1998, Poliana fez a segunda marca da história do país nos 800 m livre e aproximou-se do recorde continental nos Jogos Mundiais da Juventude, em Moscou. Para sua surpresa, recebeu, via COB, um fax de Patricia parabenizando-a pela marca, o que a deixou felicíssima pela atenção recebida.

No mês de agosto, disputaria o Troféu Brasil, em São Paulo. A meta era melhorar suas marcas e, quem sabe, conseguir o recorde sul-americano. Na época, Patricia era coordenadora de esportes olímpicos do Flamengo e estava presente na competição. A certa altura, Poliana criou coragem e foi apresentar-se para sua heroína. A recepção foi tão calorosa e carinhosa que chegou até a chorar de emoção. Mais marcante ainda foi a conversa: sabendo que a jovem buscava sua marca, a então recordista afirmou estar torcendo para isso. Deu inclusive dicas de técnicas de nado e viradas. Patricia recorda-se bem daquele episódio. "Ela estava evoluindo e achei que podia incentivá-la. É muito bom saber que fui importante para ela. As medalhas enferrujam, os recordes caem, e acho que o principal legado de um esportista é passar adiante uma conduta correta." Poliana carrega até hoje aquela lição de humildade. Hoje em dia, consagrada medalhista olímpica, quando é abordada por alguém que a tem como ídolo, procura tratar o fã com os mesmos respeito e atenção que recebeu de Patricia quando tinha 15 anos.

Curiosamente, anos mais tarde, teve a oportunidade de retribuir a generosidade. Em 2010, Patricia Amorim era presidente do Flamengo. E todos os dias tinha que lidar com os mais diversos tipos de problemas, desde financeiros até esportivos, principalmente relacionados ao futebol. Em dezembro daquele ano, Poliana estava de passagem pelo Rio de Janeiro para uma competição e usou as piscinas do clube para realizar um treinamento. Uma equipe do SporTV foi até o clube para gravar uma reportagem de um encontro entre as duas.

Patricia foi chamada em seu escritório. A princípio não gostou da ideia, pois estava muito atarefada. Mas, atendendo ao convite, foi à piscina e encontrou Poliana. Surpreendeu-se positivamente, e ainda mais com as palavras da nadadora, que expressou como ela foi importante em sua carreira. Relembrou o episódio do Troféu Brasil no Ibirapuera. Patricia ficou emocionada e não conseguiu segurar as lágrimas. Em um momento atribulado de sua vida e em um ambiente tão tenso como a administração de um clube gigantesco, tal demonstração de carinho a fez desabar. "Eu já tinha uma grande admiração por ela desde a década de 1990", lembra Patricia. "Mas, depois daquele encontro em 2010, passei a sentir um carinho ainda mais especial." Poliana virava a heroína de sua heroína e mostrou que aprendera com ela: a influência de um ídolo vai muito além da piscina.

Uma lição que ela viria a sentir na pele ao ter contato com uma estrela do esporte mundial.

*

Poliana estava em Pequim, em agosto de 2008, para a disputa dos Jogos Olímpicos. Dias antes de sua prova de 10 km, esteve presente no local das provas de natação, o Cubo d'Água, e pôde assistir às provas da última sessão. Na ocasião, viu, no encerramento do programa, a vitória da equipe dos Estados Unidos no revezamento 4x100 m *medley* masculino. A conquista representou a oitava medalha de ouro de Michael Phelps na competição, no melhor desempenho de um atleta olímpico em uma única edição em todos os tempos. Para ela, a emoção de estar presente em um acontecimento de tanta importância histórica é indescritível.

Oito anos depois, o americano foi destaque novamente nos Jogos Olímpicos do Rio de Janeiro. Após a competição, encerrou a carreira como o mais condecorado esportista da história do evento. Mas, mais do que conquistar seis medalhas em águas cariocas, Phelps cativou o público brasileiro ao mostrar um lado humano desconhecido por muitos. Sua história de superação depois de chegar ao fundo do poço e pensar em suicídio após ser preso por dirigir embriagado em 2014, passar por reabilitação, retomar o amor à natação e voltar a ser um campeão tocou o coração de muitos. Sem falar das várias demonstrações de ternura e carinho após suas provas e pódios no Rio de Janeiro, ao subir nas arquibancadas e encontrar seu filho Boomer, com três meses à época dos Jogos. Tais imagens viralizaram e, pela primeira vez, Phelps era tão reverenciado pelos seus atos fora das piscinas quanto por suas conquistas dentro delas.

Mas nem sempre foi assim. O próprio nadador admite que a má fase de 2014 o fez refletir muito sobre as suas relações interpessoais. Concluiu que, antes daquilo, não tinha atitudes compatíveis com o campeão que era. Em 2016, percebeu muito claramente que conseguia lidar com seus colegas de natação e seus fãs de maneira mais respeitosa e atenciosa do que antes, o que credita à reabilitação e à paternidade. Em anos anteriores, preocupava-se exclusivamente consigo mesmo e esquecia-se dos outros. "Eu era um cretino",[20] admitiu em entrevista em dezembro de 2016.

Em 2010, Poliana estava em Irvine, no estado da Califórnia, nos Estados Unidos, para a disputa do Campeonato Pan-Pacífico. Trata-se de uma fortíssima competição quadrienal para países que fazem fronteira com o Oceano Pacífico e da qual o Brasil participa como país convidado. Em um dos treinamentos preparatórios com a delegação brasileira dias antes do início das disputas, viu que alguns membros da equipe americana também estavam no recinto. Entre eles, Michael Phelps.

Poliana divide a piscina com Michael Phelps em um dos treinamentos durante os Jogos Olímpicos de Pequim, em 2008.

Poliana e seu técnico e marido, Ricardo Cintra, aproximaram-se e pediram uma fotografia. O americano não só negou o pedido, como também virou a cara resmungando. Visivelmente constrangido pela atitude, o casal ficou sem reação. A má impressão não foi por Phelps ter se recusado a tirar a foto. Poliana, como atleta de alto nível, sabe que nem todos estão disponíveis a qualquer hora. O que causou indignação foi a grosseria e a má-educação.

Mas relevaram. Talvez o nadador não estivesse em um de seus melhores dias. Um tempo depois, o casal assistia pela televisão à transmissão de uma das etapas da série de Grand Prix organizada pela USA Swimming, entidade que rege os esportes aquáticos dos Estados Unidos. Phelps estava inscrito e era a maior estrela do torneio. À medida que os nadadores iam sendo apresentados, passavam por uma espécie de corredor polonês cercado de crianças. Um a um, os atletas caminhavam por ali fazendo o característico gesto de bater na mão dos pequenos. Quando Phelps foi apresentado, passou no meio das crianças sem fazer qualquer menção de cumprimentá-las.

Mais uma atitude infeliz do maior nadador da história revoltou Poliana. Para ele, o gesto não representaria nenhum esforço adicional. Para as crianças que receberiam o cumprimento do ídolo, aquilo poderia mudar suas vidas. A partir daquele momento, por maior que fosse a admiração pelo atleta Michael Phelps, a vontade de voltar a ter uma foto com o mito da natação acabou por completo.

Apesar de as experiências com o americano não terem sido agradáveis, elas lhe deixaram ensinamentos. O maior deles é a de como um campeão não deve se portar. E, por outro lado, em 2016, ela se surpreendeu ao ver a transformação de Phelps. O modo com que ele se portou perante seus fãs na Olimpíada do Rio de Janeiro a deixou aliviada por saber que ele finalmente tinha se tornado um exemplo também fora das piscinas.

Há muitos anos, Poliana teve com Patricia Amorim uma lição de humildade que carrega para a vida. Phelps também transmitiu um ensinamento semelhante, por vias um pouco diferentes. Hoje, a nadadora faz o possível para atender seus admiradores e, principalmente, crianças que se inspiram em suas conquistas.

Águas turbulentas

Não adianta. Por mais que Poliana adquirisse experiência e se sentisse mais segura para as competições em águas abertas, nada parecia tranquilizar Cleonice.

Até hoje, a mãe da nadadora fica apreensiva a cada vez que a filha precisa enfrentar a imensidão do mar. Pede proteção a Deus e a Iemanjá. Em dias de competição, fica mais nervosa que a filha e não consegue dormir. "Como eu era feliz quando ela disputava só competições em piscina", diz ela.

Apesar de toda a segurança que envolve uma prova oficial de águas abertas, o receio de Cleonice tem razão de ser. O mar é imprevisível e perigoso. É preciso respeitá-lo. Além dos perigos da própria competição. Uma prova em mar aberto, com contato físico, possibilidades de errar o percurso e outras adversidades, é totalmente diferente de uma prova em piscina.

Realmente não são todos que se adaptam. Não são poucas as situações desfavoráveis que podem fazer alguém menos persistente desistir.

Mas não Poliana.

*

Muitos dos nadadores da elite mundial das águas abertas de sua geração já viram a morte de perto pelo menos uma vez. E não no sentido figurado.

No dia 23 de outubro de 2010, morria aos 26 anos o americano Francis Crippen. Um nome conhecidíssimo no esporte. Campeão pan-americano dos 10 km nos Jogos do Rio, em 2007, e bronze no Mundial de Roma, em 2009. Uma tragédia, que teve repercussão ainda mais relevante por ter ocorrido em uma prova de águas abertas organizada pela Fina.

O americano Francis Crippen (centro) nos Jogos Pan-Americanos de 2007. Ele faleceu em uma prova da Copa do Mundo de 2010.

Era a última etapa da Copa do Mundo de Maratona Aquática de 2010, em Fujairah, nos Emirados Árabes Unidos. Alguns nadadores disputavam o título geral, entre eles Crippen, que havia vencido a etapa anterior uma semana antes, em Cancún, e a brasileira Ana Marcela Cunha, que se sagraria campeã do circuito naquela temporada. Na época, a regra determinava que, para estarem aptos à classificação no *ranking* final, os nadadores deveriam completar a última prova.

Só que clima e água estavam quentes. Muito quentes. A temperatura do mar estava acima dos 30°C. Beirando os 40°C, de acordo com a sensação de alguns nadadores. O brasileiro Allan do Carmo foi um dos que foram brevemente hospitalizados após passar mal ao final da prova.

Mas antes fosse esse o pior dos males. Ao término do percurso, outro nadador americano, Alex Meyer, notou a ausência de Crippen entre os atletas. Uma força-tarefa foi realizada para procurá-lo. E logo veio a pior notícia. Próximo ao trecho final da prova, seu corpo foi encontrado por mergulhadores.

O ocorrido abalou o mundo dos esportes aquáticos. Jamais um nadador havia falecido em uma prova oficial. Poliana não competiu naquela etapa em Fujairah. Como havia sido a campeã do circuito no ano anterior, decidiu em 2010 dar prioridade a outras competições, como o Mundial e o Pan-Pacífico. Naquele dia, competia em uma etapa do Circuito Brasileiro, na Bahia. Ricardo Cintra recebeu a notícia por um telefonema de Cleonice, mãe de Poliana. Eles não podiam acreditar.

Houve críticas à Fina vindas de todos os lados. A tragédia abriu os olhos para questões para as quais a federação fazia vista grossa. Pela temperatura, muitos nadadores declararam que a prova não deveria ter sido realizada, por colocar a saúde dos participantes em risco. O limite para a realização de provas em águas abertas era de 32°C. Mas os atletas eram unânimes em afirmar que a temperatura estava acima desse limite e acusaram a Fina de negligência ao realizar a prova para não arcar com problemas logísticos decorrentes de um cancelamento.

A falta de segurança foi outro aspecto severamente criticado. Como ninguém notou o desaparecimento de um nadador que lutava pelas primeiras posições? Todos os presentes afirmaram que havia um número irrisório de barcos de segurança.[21] E não era a primeira vez que uma prova de nível internacional era realizada em condições perigosas para a integridade física dos atletas.

Alguns meses antes, na disputa do Pan-Pacífico, nos Estados Unidos, a água apresentava temperatura baixíssima. A equipe técnica da CBDA contava com um medidor eletrônico de temperatura, que acusou 14°C. Em hipótese alguma, poderia haver uma competição nessa condição. Mas os fiscais da prova refutavam a informação e diziam que a água estava a 19°C. Naquele momento, Poliana e Ricardo perceberam que a política contava muito mais que a integridade física dos atletas e que a prova seria realizada quaisquer que fossem as condições.

Na realidade, foi apenas a confirmação daquilo que vinham observando há algum tempo. Um ano antes da tragédia de Crippen, a etapa derradeira da Copa do Mundo de 2009 foi realizada também nos Emirados Árabes, na cidade de Sharjah. Poliana havia vencido oito etapas e liderava com folga a pontuação geral. Mas aquela etapa também não tinha condições de ser realizada. Não pela temperatura, mas pelas condições do mar: muito mexido e com ondas gigantescas. A nadadora recorda-se do pavor de nadar. Mas, pela regra da Fina, ela precisava concluir a última prova para estar elegível à classificação final e aos prêmios. Por isso, seu único pensamento era que tinha que cumprir a distância. O mesmo pensamento levou Crippen a um esforço físico sobre-humano, causando sua morte.

Em uma etapa do circuito em Nova York, as ondas eram ainda maiores em uma prova que terminou à noite e que também fez Poliana temer. Em outra, na Bulgária, um barco passou por cima das nadadoras. Ausência de fiscais e caiaques de segurança era comum nas competições da Fina. Com tantas condições precárias, jamais presenciou uma prova cancelada – no máximo, postergada por alguns dias, no Mundial de Roma em 2009. Interesses políticos sempre se sobrepuseram aos dos atletas. Por isso, a morte de Crippen era um desastre anunciado.

No aspecto de segurança, a tragédia trouxe algo de bom. Após ser inundada por críticas, a Fina passou a realizar suas provas em locais mais adequados e com mais pessoas responsáveis pela segurança. Infelizmente, foi necessária a morte de um atleta para que a federação agisse.

Ainda assim, muitos acreditam que a entidade não tomou todas as medidas necessárias. Em relação às temperaturas limites para a realização de provas em águas abertas, houve poucas mudanças: o mínimo passou de 15°C para 16°C, e o máximo passou de 32°C para 31°C.

Poliana teve que se acostumar a lidar com grandes variações de temperatura de uma prova para outra (algo inexistente na época de competições em piscina). E cujas dificuldades enfrentadas serão detalhadas nos capítulos "Temperaturas extremas" e "A grande frustração".

*

Outro perigo com o qual teve que se acostumar foi o intenso contato físico em provas de águas abertas.

Mesmo tendo uma adaptação relâmpago à modalidade, a disputa física foi algo com o qual sofreu no início. Na Travessia dos Fortes de 2005, em seu ingresso no mundo das águas abertas, assustou-se com as trombadas com outras nadadoras e teve uma amostra do que enfrentaria nos anos seguintes. Meses depois, no Mundial de 2006, conquistou a medalha de prata nos 10 km após nadar duas horas com o tímpano do ouvido direito perfurado, consequência de uma cotovelada na largada da prova, episódio descrito no capítulo "Sangue, suor e lágrimas". Outra ocasião em que teve seu desempenho marcado pelas disputas físicas foi na Olimpíada de 2008, em Pequim, como vimos no capítulo "Lições de Pequim".

Na prova de 5 km do Mundial de 2010, brigava pelas primeiras posições e foi acertada na face pela russa Ekaterina Seliverstova, deixando-a baqueada em determinado trecho da prova. A russa foi desclassificada logo após o término da disputa. No entanto, na mesma prova, outra irregularidade foi ignorada pelos juízes. No trecho final, no contorno da última boia, Poliana sentiu um tranco na perna. "A francesa Aurélie Muller puxou o pé dela e os árbitros não viram",[22] revelou Ricardo Cintra. A brasileira, então, perdeu momentaneamente o ritmo e o contato com as atletas com as quais disputava posições. Ainda tentou uma recuperação e terminou em quarto lugar, a um décimo da medalha de bronze. Ironicamente, seis anos depois, nos Jogos Olímpicos do Rio de Janeiro, Muller terminaria a prova dos 10 km na segunda posição e seria desclassificada por uma irregularidade na chegada. E Poliana, quarta colocada, subiria uma posição e conquistaria a medalha de bronze – negada a ela em 2010 por uma atitude antiesportiva da francesa.

A modalidade possui regras para coibir a violência, mas, em provas tão agitadas, é difícil para os juízes fiscalizar tudo que acontece, e é preciso aprender a se proteger. "Se por um lado seu físico lhe dá agilidade, facilidade em levantar a cabeça para se localizar e permite um nado perfeito para maratonas aquáticas, por outro é óbvio que em uma disputa física ela tende a ficar em desvantagem", destaca Igor de Souza. "Por isso ela sempre procura ficar no pelotão de frente, para não ficar no meio de muitas nadadoras e sofrer com pancadas." Ao longo dos anos, também aprendeu a evitar as adversárias mais violentas e se livrar de disputas tensas. Mas às vezes também é preciso se impor. "Não gosto de apanhar nem de bater. Mas tenho uma lei. Suporto duas pancadas e se houver uma terceira passo a ter certeza de que a pessoa fez de propósito. Aí revido",[23] declarou em uma entrevista em 2011.

Como se vê, ninguém é campeão por acaso. É preciso se adaptar para sobreviver.

*

Poliana nunca precisou se preocupar com tubarões, como aquele hipotético que estaria destinado a atacá-la na Travessia dos Fortes de 2005. Mas só com tubarão. Muitos outros tipos de animais e criaturas já cruzaram seu caminho, em uma década competindo nas águas mundo afora.

Ela recorda que jamais sentiu tanto medo quanto no Mundial de Melbourne, em 2007. No meio da prova, ela, Ana Marcela Cunha e outras competidoras começaram a sentir uma queimação na pele. Haviam sido atacadas por águas-vivas, criaturas gelatinosas e transparentes com tentáculos providos de células urticantes. E não foi um contato casual: havia dezenas delas. "Eram bem grandes e nojentas! Foi assustador! Queimam muito! A sensação é péssima!"[24] O medo foi tanto que ela achou que o fatídico tubarão apareceria. Esse fato e o frio fizeram com que nadasse travada e não tivesse um bom desempenho.

Na mesma competição, teve a companhia de um pinguim a poucos metros de onde nadava, que era atacado por pelicanos. Por sorte, os animais não cruzaram o caminho das nadadoras. Já na etapa do México da Copa do Mundo, um cardume de arraias gigantes apareceu por baixo dos nadadores em um treinamento às vésperas da competição. Alguns atletas deixaram a água às pressas com medo.

O susto maior, porém, veio na etapa de Viedma, Argentina, da Copa do Mundo de 2010. A prova era realizada em um rio que desemboca no mar, no qual existe uma reserva de leões-marinhos. Pois um deles entrou no rio e misturou-se aos nadadores em plena prova. Poliana pensou que a disputa seria interrompida, afinal era um animal selvagem, desconhecido e bem diferente dos leões-marinhos de cativeiro. Outros nadadores também se desesperaram e começaram a gritar. Mas os fiscais de prova nos barcos, em vez de interromper a prova e tirar os atletas da água, começaram a fotografar o animal. Logo, o animal se distanciou e virou uma bela lembrança para Poliana; mas ela se irritou com a atitude dos fiscais. Afinal, em que outro esporte poderia passar por uma situação dessa?

Poliana nada ao lado
de um leão-marinho
em 2010.

Temperaturas extremas

Imaginem o sentimento de um pai palmeirense ao ver o nome da filha celebrado pela torcida do Corinthians. Pois foi exatamente essa a sensação pela qual passou Yoshio Okimoto naquele 28 de março de 2010. Valorizada pelas conquistas do ano anterior, Poliana assinou contrato com o clube mais popular de São Paulo e foi apresentada em pleno estádio do Pacaembu, antes de um clássico contra o São Paulo. Recebeu uma camisa com seu nome e foi aplaudida pelos torcedores.

Pudera. Poliana era um dos maiores nomes do esporte nacional. Nos esportes aquáticos, suas conquistas só eram superadas pelas de Cesar Cielo. Com a mudança, voltaria a morar em São Paulo, próximo à família, e poderia aproveitar a ótima estrutura do clube.

Não, o palmeirense Yoshio não estava desgostoso. Pela filha, vibraria até com um gol corintiano contra seu time do coração.

*

E, com aquela apresentação no Pacaembu, começava em alta temperatura a temporada de 2010. A troca do Pinheiros pelo Corinthians deve-se muito a Cesar Cielo.

Na época, o clube planejava recrutar grandes nomes da natação. Thiago Pereira foi uma estrela que acabou acertando com a entidade, o que não ocorreu com Cesar. "A exibição das marcas dos meus patrocinadores acabaria conflitando com os patrocinadores do clube", relembra ele, que acabaria fechando com o Flamengo, do Rio de Janeiro. "Quando vi que a negociação estava inviabilizada, dei um empurrão para que acertassem com a Poliana. Sabia que seria bom para ela, tanto em termos de estrutura quanto em financeiros, e para o clube, que teria uma potencial medalhista olímpica." Poliana e Ricardo Cintra até hoje lembram com carinho a ajuda dada por Cesar e por sua mãe, Flávia Cielo, que também teve papel fundamental na negociação. Afinal, aquela mudança mostrou-se essencial: passaram a morar em São Paulo e a aproveitar a estrutura do clube, condição à qual não tinham acesso em Santos, onde por algum tempo não possuíam à disposição sequer piscina aquecida para realizar os treinamentos. E, apesar de terem saído do Corinthians três anos depois, entenderam a importância de usufruir de uma estrutura digna para um atleta de alto nível. Dali em diante, passaram a ser mais profissionais nesse sentido.

Poliana, ao lado de Ricardo Cintra, é apresentada pelo Corinthians no estádio do Pacaembu.

O ano de 2010 começava quente no clube mais popular de São Paulo. Poliana nunca imaginou que seu ciclo na entidade, que iria até o final de 2012, seria marcado justamente por grandes variações de temperatura. Que lhe renderiam marcas profundas.

*

Poliana chegara preocupada a Long Beach no mês de agosto de 2010. Em poucos dias, iria disputar a prova de 10 km no Campeonato Pan-Pacífico. A preocupação vinha com as notícias da organização: a temperatura da água estava entre 14°C e 18°C.

Por ser uma nadadora magra, com pouca gordura, naturalmente sempre teve uma resistência menor a temperaturas baixas em relação a atletas que têm biótipo propenso a acumular mais gordura no corpo. "Nas águas abertas, você ganha por um lado e perde por outro", diz Luiz Lima, um dos maiores especialistas da modalidade no Brasil. "Se o físico da Poliana a proporciona um nado na superfície d'água, deslizando e minimizando atrito, por outro lado é uma desvantagem em temperaturas baixas. Isso não ocorre só com ela. A francesa Aurélie Muller, por exemplo, também não suporta água fria", afirma, referindo-se à nadadora campeã mundial dos 10 km em 2015.

Sabendo disso, às vésperas daquele Pan-Pacífico, a possibilidade de nadar em baixas temperaturas ficou em sua cabeça. Será que suportaria? Não suportou. A temperatura era de 16°C, o mínimo permitido pela Fina. Com câimbras e hipotermia (queda da temperatura corporal que pode resultar em sérios problemas para a saúde), abandonou a prova e precisou ser levada a uma ambulância.

"Eu me senti muito mal desde o começo. Quando a gente estava esperando a largada, eu já estava com muito frio, mas não gosto de desistir no meio da prova. Quando estava chegando na terceira volta, comecei a não sentir mais as minhas extremidades. Aí fiquei com medo de acontecer algo mais grave e decidi parar",[25] disse após a prova. Segundo Poliana, ela nunca havia nadado em águas com temperatura abaixo de 17°C.

Ricardo Cintra também não se conformava. "Neste ano, só tivemos competições em águas frias. O que vou ter que fazer? Vou ter que engordar a Poliana? Vou ter que transformá-la em uma baleia para aguentar essa água fria?"

Ele se referia ao Mundial de Águas Abertas, realizado em Roberval, no Canadá, no mês anterior. Uma competição em que Poliana nadou bem, apesar de sair sem medalhas. Nos 5 km, terminou a um décimo da medalha de bronze, prejudicada por um puxão na perna no contorno da última boia – como vimos no capítulo "Águas turbulentas". Nos 10 km, fazia uma prova primorosa. Liderou a última das quatro voltas praticamente inteira e, faltando cerca de 300 metros para a chegada, brigava pela liderança com a americana Eva Fabian, muito à frente das adversárias. A disputa acirrada fez com que ambas cruzassem a última boia pelo lado errado. Assim, foram desclassificadas pela organização da prova. Foi um momento dificílimo, pois esteve muito perto de se tornar campeã mundial pela primeira vez. Caiu em lágrimas ainda dentro d'água, e teria que esperar três anos para realizar seu sonho, que seria concretizado da melhor forma possível no Mundial de Barcelona em 2013 – ver capítulo "Redenção".

E, mesmo após a tragédia com o americano, apesar de algumas condições terem melhorado, provas foram nadadas sem que a segurança e o atendimento necessários a uma modalidade em que os atletas vão ao seu limite, em ambientes por vezes inóspitos, fossem adequados.

*

Se até o Superman tem um ponto fraco, a água fria pode ser considerada a kryptonita de Poliana Okimoto. Nas duas principais competições de 2010, sofreu muito com as baixas temperaturas. Naquele ano, tentou se preparar psicologicamente. Não deu muito certo.

Hoje, ela avalia que ficar pensando muito em uma possível água fria na época, principalmente no Pan-Pacífico, a prejudicou. Igor de Souza, que chefiou a delegação de águas abertas no campeonato, concorda. Ele lembra que Poliana já nadara, e vencera, etapas de Copa do Mundo com temperaturas tão frias quanto, como na etapa de Setúbal, em Portugal. É evidente que, por ser esguia, tem menos resistência ao frio. Mas sua preocupação excessiva fez com que o psicológico ficasse abalado antes mesmo da prova.

Igor destaca que seria possível para Poliana se preparar para baixas temperaturas, fazendo seu corpo se acostumar a elas. "No entanto, seria necessário um trabalho de médio prazo, de no mínimo seis meses para a adaptação. Nesse período, o corpo reagiria e haveria uma queda em seu desempenho. E no Brasil tal preparação é muito difícil de se fazer, por causa dos compromissos que o atleta tem com seus clubes. Haveria o risco de quase um ano ou até mais sem resultados expressivos, e os clubes e patrocinadores que pagam o atleta querem resultados imediatos", completa. Por muito tempo, ela precisou nadar as principais competições em piscina no Brasil, além das de águas abertas, para honrar compromissos com seus clubes. Por isso, um trabalho de longo prazo de adaptação a águas frias jamais foi feito.

E, dois anos depois, pagaria o preço por isso.

*

Se sofreu com temperaturas baixas em 2010, em 2011 foi ao outro extremo.

Era ano de Jogos Pan-Americanos, a segunda competição de maior visibilidade no Brasil, atrás apenas dos Jogos Olímpicos. Até mesmo um Campeonato Mundial tem menor importância nesse sentido. Mas, para Poliana e para todos os nadadores de elite das águas abertas, o Mundial de Xangai era a competição mais importante. Simplesmente porque valia vaga para a Olimpíada de 2012.

O critério foi o mesmo utilizado no Mundial de Sevilha de 2008, que serviu de primeira seletiva para a Olimpíada daquele ano. Tanto no feminino quanto no masculino, os dez primeiros garantiriam vaga automaticamente. As outras 15 vagas seriam decididas em outra seletiva, em Setúbal, no ano seguinte, em uma espécie de repescagem para aqueles que não conseguiram na primeira tentativa.

E é aí que entra a crueldade do processo classificatório. Caso um nadador de determinado país se classificasse entre os dez primeiros em Xangai, outro nadador do mesmo país só poderia se classificar se também terminasse entre os dez primeiros na mesma competição. Caso contrário, esse segundo nadador não poderia competir a repescagem. Ou seja, para um país classificar dois nadadores para os Jogos Olímpicos, os dois deveriam terminar entre os dez primeiros no Mundial.

O critério é polêmico. Uma prova de 10 km apresenta muita variação de resultados. Um campeão mundial pode muito bem terminar uma prova na 12ª colocação, e voltar a vencer na ocasião seguinte. As variáveis envolvidas são tantas que essa oscilação é considerada normal. E, no critério citado, um atleta que esteja regularmente entre os melhores do mundo pode ficar fora da Olimpíada.

Por isso, foi uma prova tensa. Talvez até mais tensa que a própria prova olímpica. Ana Marcela Cunha já estava entre as melhores do mundo, posição conquistada com uma medalha de bronze no Mundial de 2010 e com o título na Copa do Mundo do mesmo ano. O maior receio era que ela terminasse en-

Poliana antes da prova de 10 km no Campeonato Mundial de 2011, que lhe garantiu a classificação para a Olimpíada de Londres.

tre as dez primeiras e Poliana não. Assim, não haveria chance de vaga olímpica nem na repescagem. Seis atletas não conseguiram finalizar o percurso e muitas passaram mal após a prova. Tudo por causa da temperatura da água acima dos 30°C. Apesar de ter atingido seu objetivo, Poliana não saiu satisfeita com as condições em que a prova foi realizada.

"Eu realmente achei que eles [Fina] fossem ser um pouco mais rigorosos nas mudanças dos critérios. Já teve uma reunião em que eles mudaram o máximo e o mínimo da [temperatura da] água, mas mudou muito pouco. O máximo era 32°C e virou 31°C. Um grau, quando você está muito quente, não faz muita diferença. O mínimo era 15°C e agora virou 16°C, também não mudou muito. Achei que eles iam ser um pouco mais rígidos por causa da morte do Crippen, mas não foi o que aconteceu",[26] declarou ela na época.

Até mudaram o horário da prova para mais cedo para amenizar a alta temperatura. Praticamente um reconhecimento de que as condições para a sua realização não eram as adequadas.

Ao final da prova, todas as dificuldades foram deixadas para trás. A alegria de Poliana acusava: terminara na sexta posição. Com um ano de antecedência, garantia sua segunda participação olímpica. Foi a primeira atleta brasileira dos esportes aquáticos a se classificar para a Olimpíada, e a quarta de toda a delegação do país.[27]

"Estou muito aliviada, porque a prova foi dura, tinha mais gente do que no Mundial anterior e estava muito abafado, o que provocou a saída de muitas atletas passando mal. O Mundial no ano anterior ao dos Jogos Olímpicos é mais difícil, mais forte, e eu consegui melhorar uma posição em relação a Roma e não fiquei longe das primeiras colocadas. Poderia ter conseguido pódio."[28] Mas ficar fora do pódio era a menor de suas preocupações. Ao contrário dos outros Mundiais, a medalha não era o principal objetivo.

E o maior medo de Poliana aconteceu com Ana Marcela. Ao terminar na 11ª posição, soube, com um ano de antecedência, que não poderia representar o Brasil nos Jogos de Londres. Ela havia sido escolhida pela Fina a melhor nadadora do mundo em águas abertas em 2010, o que atesta a incoerência do critério de seleção. Mas a entidade ainda não tomou consciência disso, tanto que, quatro anos depois, o critério utilizado ainda era o mesmo.

Para Poliana, ainda restava a disputa do Pan de Guadalajara, dois meses depois. Novamente em alta temperatura. "Foi a água mais quente em que já nadei. Desgasta muito",[29] disse após a prova, que teve até ameaça de boicote dos nadadores americanos caso fosse realizada naquelas condições. Só aceitaram competir quando os organizadores anteciparam o horário da prova, das 11h para as 9h da manhã, para evitar que os atletas enfrentassem o sol do meio-dia.[30] A medalha de prata, atrás da argentina Cecilia Biagioli, foi conquistada já com a cabeça em Londres. Olhos e mente já estavam 100% focados na prova olímpica.

Entre águas frias e quentes, no ano olímpico sua desgraça seriam as baixas temperaturas.

A grande frustração

Em busca do grande objetivo da medalha olímpica, Poliana e Ricardo não mediram esforços. Em 2012, decidiram se mudar para o Rio de Janeiro para tentar concretizar o sonho. Lembraram as dificuldades de 2008, ano no qual a nadadora teve pouquíssima estrutura na preparação para os Jogos Olímpicos de Pequim, como vimos no capítulo "Lições de Pequim". Por isso, quando surgiu a oportunidade de integrar o programa Time Brasil, dedicado aos atletas de ponta do país, e aproveitar a estrutura oferecida pelo COB, não pensaram duas vezes. Poliana passaria a treinar na piscina do Parque Aquático Maria Lenk, considerada a melhor do Brasil, e teria a oportunidade de estar mais perto do mar e realizar treinos regulares em praias da cidade.

Na época, parecia uma maravilha. Eles contariam com excelentes condições e estrutura ainda melhor em relação às de que usufruíram nos clubes pelos quais haviam passado nos anos anteriores. O céu era o limite para a já vice-campeã pan-americana e mundial. Tudo por um bom resultado na Olimpíada de Londres.

Mas, se o lado físico parecia caminhar de vento em popa, o lado mental nem tanto. Seria a primeira vez que morariam fora do estado de São Paulo. E hoje admitem: o esforço para se adaptar a uma nova cidade e uma nova cultura não valeu a pena. Não fariam de novo. Julgam que a mudança, meses antes dos Jogos Olímpicos, foi arriscada. O peso de viver em um local novo e, principalmente, de estar longe da família e dos amigos foi grande. Caso a mudança tivesse ocorrido antes, talvez esse efeito já estivesse controlado e diluído até a Olimpíada de Londres.

Por isso, em uma situação parecida – início de 2016, ano da Olimpíada do Rio de Janeiro –, nem sequer cogitaram se mudar novamente para a cidade olímpica. A experiência de 2012 ao menos rendeu frutos para o futuro.

*

"O local é espetacular, é lindo, só que é frio. A gente vem acompanhando a temperatura do lago nesses últimos meses. Está melhorando, mas ainda está muito frio. Tem dias que a temperatura cai, que pode até não ter prova, que é abaixo dos 16°C. Tem que torcer para ter um pouquinho de sorte, de pegar uma temperatura boa aqui fora, para esquentar um pouquinho a água do lago."[31]

A declaração de Poliana dá uma ideia de seu espírito às vésperas da prova olímpica, que seria realizada no dia 9 de agosto no lago Serpentine, no tradicional Hyde Park. Ela chegou a Londres no dia 31 de julho, destacando a confiança e a maturidade adquiridas ao longo dos anos como principal aspecto diferencial em relação à Olimpíada de 2008. Mas, assim como às vésperas do Pan-Pacífico de 2010, mostrava preocupação com a temperatura da água. A questão disparou um gatilho em sua mente que pode ter feito sua confiança diminuir. Meses antes, esteve na cidade e realizou treinos no local da prova olímpica. Encarou temperaturas baixas e já havia mostrado preocupação. Poliana e Ricardo tinham decidido, então, fazer um trabalho de curto prazo para que ela suportasse águas frias, o que incluiu aumentar sua gordura corporal.

Na Inglaterra, executaram a parte final da preparação na piscina do Crystal Palace National Sports Centre, local designado pelo COB para a aclimatação dos atletas. Dois dias antes da prova, saíram da Vila Olímpica e hospedaram-se em um hotel próximo ao local da competição.

Poliana pensava que a chegada à terra da rainha seria útil para diminuir a ansiedade, pois, quando as provas da natação em piscina começaram, ela ainda estava no Brasil, assistindo pela televisão. Pelo contrário, a ansiedade aumentou. Principalmente quando soube que a temperatura do lago não deveria estar acima dos 20°C.

*

No dia da prova, as medições apontavam a água com temperatura entre 19°C e 20°C. Poliana já havia nadado, e bem, competições em situações piores.

Seguindo estratégia traçada com Ricardo Cintra, o objetivo era fazer uma prova com esforço progressivo. Queria aproveitar as primeiras voltas para sentir a prova e ir se aquecendo. Foi o que fez, mantendo-se entre as 15 primeiras colocadas nas três primeiras voltas.

Mas ela recorda que, à medida que a prova evoluía, a água foi ficando mais fria. Isso porque a temperatura de 19°C era medida na superfície, no

Poliana antes da prova de 10 km nos Jogos Olímpicos de Londres, em 2012.

início da disputa. Ao longo da prova, as nadadoras fizeram com que a água do lago ficasse mexida, e a água do fundo, mais fria, se misturava com a da superfície. Poliana lembra que sentia correntes muito frias, com temperatura estimada por ela entre 15°C e 16°C.

Ao entrar na quarta volta, começou a notar que não estava bem. Sentia dores e câimbras. Imaginou que tinha que nadar mais rápido para aquecer, mas já se sentia congelada por dentro. Entrou em um estado quase de delírio, perdendo por vezes a consciência.

Sem conseguir mais nadar, levantou o dedo e pediu para ser retirada da água. Com hipotermia, desmaiou após desistir da prova e foi levada a um pronto-socorro.

*

Na tensão do momento, Poliana não sabia avaliar o que estava realmente acontecendo. Só depois que conseguiu mensurar o quanto foi mal atendida após abandonar a prova em uma condição perigosíssima para a saúde.

A organização não foi eficiente em retirá-la da água após ser informada de sua desistência. A demora para realizar a tarefa fez com que ela tivesse que esperar longos momentos na água gelada, em um estado crítico. Ela se recorda também da demora em medir sua temperatura.

Depois disso, não souberam administrar corretamente o atendimento. Cobriram-na com um cobertor, insuficiente para aquela situação. Uma manta térmica, ideal para o estado em que se encontrava, não estava disponível, e só foi conseguida porque a equipe médica da CBDA possuía uma unidade.

No Mundial de Roma, em 2009, a nadadora australiana Kate Brookes-Peterson extrapolou seu limite, perdeu a consciência, entrou em colapso e começou a afundar. Felizmente os fiscais de prova nos barcos que acompanham os atletas notaram algo errado e rapidamente agiram, resgatando-a, prestando atendimento adequado e não deixando que nada acontecesse.[32] Poliana avalia que, caso tivesse insistido um pouco mais na prova e não tivesse tido o discernimento de abandonar, algo mais grave poderia ter acontecido, devido à falta de preparo da organização para fazer o atendimento necessário. Ela não sumiria como Crippen em 2010, afinal havia muitos barcos de apoio amparando os nadadores, mas não seria, como não foi, bem atendida como a australiana em 2009.

*

Poliana só soube horas depois o resultado de sua prova. A medalha de ouro foi para a húngara Eva Risztov, uma veterana de duas Olimpíadas em provas de piscina e que havia abandonado a natação por alguns anos antes de voltar para se dedicar a maratonas aquáticas. Nunca havia obtido uma medalha em uma grande competição internacional de águas abertas, e jamais voltaria a subir ao pódio em um campeonato de nível mundial. Fez a prova de sua vida naquele dia 9 de agosto. Foi seguida pela americana Haley Anderson e pela italiana Martina Grimaldi. A favorita do público e da crítica, a britânica Keri-Anne Payne, mais condecorada nadadora dos anos anteriores, vice-campeã olímpica em 2008 e bicampeã mundial em 2009 e 2011 nos 10 km, terminou na quarta posição.

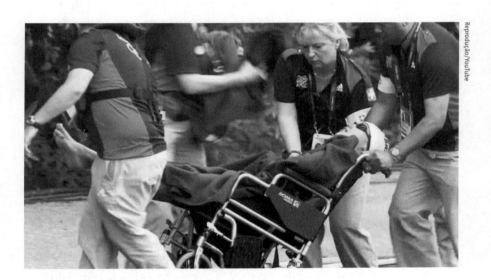

Poliana sofre hipotermia e é retirada da água após abandonar a prova olímpica em 2012.

Até o então primeiro-ministro britânico David Cameron estava presente no Hyde Park para presenciar uma possível medalha de ouro para o país. Por isso, o público não conseguiu esconder a frustração de ver sua heroína deixar escapar uma medalha quase certa. Mas Payne saiu da água dizendo-se satisfeita com seu desempenho. Que havia dado tudo que tinha, mas que suas adversárias foram melhores, e que isso é parte do esporte.

Caso a medalha tivesse escapado de Poliana dessa forma, ela também teria a mesma consciência. Mas, enquanto a britânica dava entrevistas, a brasileira chorava compulsivamente. Era consolada por Ricardo Cintra e Igor de Souza, diretor técnico da CBDA. Mas não havia nada que a confortasse. O sentimento de ter sido privada de completar a principal prova de sua vida era insuportável.

*

O modo de um atleta avaliar uma edição de Jogos Olímpicos passa muito por seu desempenho na competição. E, depois do que aconteceu na prova de águas abertas, Poliana não queria saber mais de Olimpíada. Ficou em Londres até a cerimônia de encerramento, mas não conseguiu aproveitar nada do que a cidade e os Jogos tinham a oferecer. Esteve presente em alguns jogos como espectadora, mas no piloto automático. Sua cabeça ainda estava no Hyde Park.

Por esse motivo, também não aproveitou inteiramente a cerimônia de encerramento no Estádio Olímpico. Poliana e Fabiola Molina, que disputava em Londres sua última Olimpíada, eram as únicas representantes da natação na delegação brasileira na cerimônia.

Poliana já expressou em entrevistas a admiração que tem por Fabiola. "Ela é uma pessoa que irradia felicidade, alegria. Muito positiva, otimista com tudo e ela é um exemplo de pessoa, de nadadora também. Foi uma supernadadora, mas acho como pessoa a Fabiola nota mil",[33] declarou em uma entrevista em 2013.

O astral de Fabiola, que também não nadou bem aquela Olimpíada, foi determinante para que Poliana conseguisse aproveitar ao menos um pouco daquela cerimônia. Também foi importante como um ombro amigo para compartilhar a dolorosa experiência com alguém capaz de entender uma decepção esportiva no principal palco mundial.

Poliana e Ricardo ficaram em Londres mais alguns dias. Mas não havia clima para aproveitar nada. Além do sentimento de derrota, também havia a sensação de ter desapontado outras pessoas. A cada vez que encontravam alguém do COB que de alguma forma teve algum envolvimento com a preparação, a vontade era quase de pedir desculpas por não terem atendido às expectativas.

Para piorar, ela não foi poupada das críticas. Pesadas críticas. Ricardo não deixou que chegassem a ela em um primeiro momento. Aquilo poderia potencializar o sentimento de decepção, que já não era pequeno.

Boa parte das críticas vinham dos mesmos que vibraram com suas conquistas nos Pans de 2007 e 2011 e que depositavam esperanças em uma medalha olímpica. Estes não pensaram duas vezes em descarregar sua frustração, principalmente em comentários de notícias na internet e nas redes sociais. "A mão que afaga é a mesma que apedreja" (Augusto dos Anjos).

*

Após a Olimpíada, competiu o Troféu José Finkel, em agosto, e parou de nadar. Parou mesmo. Não queria voltar à piscina. Sua carreira havia chegado ao fim. Foi o período mais difícil de sua vida. Essa fase durou cerca de dois meses. Hoje, ela lembra daquele período como se houvesse uma névoa em sua memória. Sequer consegue descrever o que fez. Na verdade não fez nada. Só chorava. Estava deprimida. O sentimento de ter se dedicado tanto para um momento e de ter se desapontado e desapontado outras pessoas era demais para ela. Não cogitava se esforçar mais uma vez e passar por aquela sensação novamente. O amor pela natação não acabara, mas a vontade de competir sim. O baque foi muito grande.

E assim terminava a carreira esportiva de Poliana Okimoto. Esse livro poderia terminar aqui. Certo?

Errado. Lembra-se da razão do nome Poliana dado por seus pais, aquela que sempre busca algo positivo mesmo nas situações mais difíceis? Além de tudo, os caracteres orientais de seu nome estão intimamente ligados ao mar – voltaremos a esse assunto ao final do livro.

Então, vamos adiante.

Voltando à vida

Muito foi investido por Poliana e Ricardo para a Olimpíada de 2012. A expectativa era altíssima. E, por isso, o baque foi grande. Como a sintonia entre ambos é tal que muitas vezes se comportam como uma pessoa, Ricardo sentiu tanto quanto Poliana. O desapontamento e a vergonha sentidos por ela ao ter decepcionado quem estava torcendo o afetaram em escala semelhante.

Mas, apesar do sofrimento, o técnico e marido tomou decisões que foram fundamentais para o futuro. Em um país com cultura futebolística e imediatista, o abandono da prova em Londres foi um prato cheio para os críticos de plantão, principalmente nas redes sociais. E as críticas foram pesadas. Ricardo leu várias e sentiu na pele o quanto as pessoas podem ser maldosas. E conseguiu evitar que Poliana tivesse contato com tudo naquele período – ela só saberia das críticas algum tempo depois. Atitude fundamental para não deixá-la ainda mais para baixo.

Nos dias após a prova, houve grande insistência para que a nadadora concedesse entrevistas para explicar o que ocorreu em sua prova. Pela insistência, ela cederia uma entrevista coletiva, "para acabar logo com aquilo". Mas Ricardo não deixou. "Você não vai falar com ninguém", era sua recomendação. Por isso até comprou briga com membros da CBDA e do COB. E hoje todos concordam que foi a melhor decisão. Com a chuva de críticas que atletas como a judoca Rafaela Silva e a saltadora Fabiana Murer receberam, ele avaliou que Poliana não deveria se expor. Qualquer coisa que falasse serviria de munição a quem quisesse destruí-la. Posteriormente, tal altitude foi elogiada até mesmo por quem insistia naquela coletiva, como dirigentes do COB. Hoje ela diz que Ricardo foi iluminado naquele momento.

*

Os meses seguintes foram delicados. Estava tão decepcionada que não se via mais competindo novamente. Estava deprimida. Não tinha vontade de nada.

Ricardo deu a ela o apoio que necessitava no período e trabalhou como um psicólogo. E, mais importante, em nenhum momento forçou ou sequer sugeriu que ela devesse voltar ao esporte. Deu o tempo e o espaço de que ela necessitava. Pensava que, se exercesse algum tipo de pressão, por menor que fosse, poderia fazê-la se sentir obrigada a algo para o qual no momento não estava pronta, e o desgosto pelo esporte aumentaria ainda mais.

Analisando hoje, parece ter sido uma cartada de mestre. Mas o fato é que na época ele não pensava assim. Ela voltar ao esporte competitivo era o de menos. Suas atitudes foram tomadas pensando unicamente no bem-estar de sua esposa. E com o tempo, com a cabeça melhorando e a frustração diminuindo, ela voltaria a nadar. Algo que poderia não ter ocorrido e que poderia ter lhe causado um profundo trauma caso não tivesse o amparo e o apoio necessários naquele momento.

*

Nas horas em que a fome aperta, Poliana não pensa em outra coisa a não ser no feijão temperado e no bife acebolado que só Cleonice sabe preparar.

Estava sentindo falta disso. Desde que se mudou para o Rio, sentia falta do aconchego familiar. E voltou para São Paulo para se aninhar nesse colo. Ricardo não tinha nada a reclamar por ter que conviver mais de perto com sua sogra. Pelo contrário...

E pensar que aquele suporte familiar fizera tanta falta no ano anterior. Ao terem escolhido morar no Rio de Janeiro em 2012, não imaginaram que, em contraposição às facilidades que teriam em termos de estrutura e treinamentos, enfrentariam dificuldades que, à primeira vista, parecem insignificantes. Mas que fizeram total diferença ao avaliarem a temporada carioca.

No Rio de Janeiro, chegavam em casa diariamente exaustos dos treinos e precisavam se desdobrar na cozinha, muitas vezes desperdiçando um tempo precioso que poderia ser aproveitado para descanso e recuperação. E nem pensar em preparar comida para a semana inteira: o marido come apenas arroz feito na hora. Quem é mesmo o japonês da relação?

Também perdiam muito tempo para resolver assuntos particulares diversos. Por isso, a volta para São Paulo foi um alívio. A mãe de Poliana, Cleonice, é uma espécie de faz-tudo. É ela quem cozinha e prepara a maioria das refeições, levando-as em marmita até a casa da filha. Também está sempre pronta para ajudar nos diversos afazeres diários. Com esse suporte, Poliana consegue se dedicar inteiramente à rotina de atleta sem precisar se preocupar com tarefas caseiras; não é coincidência que, ao estar próxima dos pais, a tristeza pela frustração olímpica de 2012 fosse se dissipando e sua disposição, aos poucos, retornando.

*

De volta a São Paulo, Poliana retomou os treinamentos. O amor ao esporte ainda estava lá. Voltou a nadar aos poucos. Mas a vontade de competir ainda não retornara. Só de lembrar o desgaste de enfrentar a rotina de treinamentos para chegar em uma competição com a possibilidade de um fracasso, como ocorreu em Londres, a desanimava. No final de 2012, em Copacabana, chegou a competir contra destaques internacionais no Desafio Rei e Rainha do Mar, evento de esportes de praia que estava na época em seu quarto ano e hoje é um dos mais populares do país. Mas ainda estava no piloto automático.

Em 2013, Poliana e Ricardo resolveram que iriam dar início à preparação para o Mundial de Esportes Aquáticos, que seria realizado em Barcelona, no mês de julho. Passaram a treinar no Clube Esperia. Também não representariam mais o Corinthians e acertaram com o Minas Tênis Clube, de Belo Horizonte. Mas ela ainda não sabia se era aquilo que queria. Sua confiança ainda estava abalada. Tinha colocado em sua cabeça que não era mais capaz, que já estava ultrapassada. Com isso, não conseguia ter bom desempenho nos treinamentos. Uma espécie de autossabotagem.

Por isso, algumas alterações foram necessárias. A começar pela alimentação. Em uma consulta com a nutricionista Marcella Amar, ex-nadadora da seleção brasileira – disputou os Jogos Pan-Americanos de 2003 –, foram solicitados alguns exames pelos quais ela jamais havia passado. E a surpresa: era intolerante a uma dezena de alimentos, entre os quais glúten, açúcar, feijão, abacate, fermento e chocolate.

Como não era uma intolerância de nível alto, jamais se sentiu mal ao consumi-los. Mas eles não eram benéficos ao seu corpo. A ingestão de alimentos como pães e massas não supria as reais necessidades da atleta. Era preciso mudar.

A partir de então, um dos itens mais frequentes em sua dieta passou a ser a tapioca. Para onde quer que viajasse, levava consigo os ingredientes e utensílios necessários para o preparo do prato.[34] A alteração de disposição e rendimento nos treinamentos foi visível em um curtíssimo prazo. A nova alimentação fornecia energia redobrada.

*

Em quase 20 anos de natação competitiva, Poliana jamais tivera uma lesão grave. Aliás, nem sequer uma lesão média. Algo notável para uma nadadora de longas distâncias, com volumes de treinos que em certas épocas chegavam a ultrapassar os 100 km semanais. Isso se deve em boa parte à ótima técnica de nado adquirida em sua formação, com grande eficiência e movimentos corretos.

Mas uma das chaves para o sucesso é reconhecer suas limitações. Chegando aos 30 anos, seu corpo já não era mais o de uma jovem de 18. Uma hora o preço de tantos anos submetendo o corpo a esforços extenuantes poderia chegar. De fato, eventualmente sentia uma pequena dor no ombro direito. Não por realizar movimentos errados nem por alguma lesão mal curada. Mas pelo desgaste natural causado por anos de esforços repetidos.

Nessa época, começou a trabalhar com o fisioterapeuta Alexander Rehder, ex-nadador, habituado a trabalhar com atletas de natação de alto rendimento. "Sugeri ao Ricardo que eles investissem na preparação física, para fortalecimento e prevenção de lesões, visando também poupar seus ombros", lembra ele.

Uma possibilidade era o treinamento funcional. O método baseia-se nos movimentos naturais do corpo humano, como pular, correr, puxar, agachar, girar e empurrar. São necessários acessórios como elásticos, cordas, bolas, discos e hastes. Entre os benefícios de sua execução, estão a prevenção de lesões e as melhorias cardiovasculares.[35]

O treinamento funcional é muito utilizado na natação competitiva, e Poliana à época utilizava somente a musculação em sua preparação. Ricardo era reticente à adoção do novo método, pois acreditava que haveria um gasto energético muito alto, o que poderia interferir nos já desgastantes treinos em piscina.

No entanto, a musculação diária não fazia mais tanto efeito. Era como se o corpo de Poliana não respondesse mais adequadamente e não ganhasse a força necessária depois de tanto tempo. E, quando se quer resultados diferentes, não se pode ficar fazendo a mesma coisa. Resolveram arriscar, e introduziram o treinamento funcional na rotina. Os resultados foram quase imediatos. Além dos benefícios indicados por Alexander, Poliana ganhou força e passou a treinar melhor.

*

Seu corpo, através das mudanças na alimentação e na preparação física, respondia bem. Mas a confiança ainda não havia voltado inteiramente. Por vezes achava que entrava na curva descendente da carreira.

Ricardo não aceitava tal pensamento. Queria provar que ela ainda tinha lenha para queimar. O plano: montar uma série para treinamento que fizesse provar a ela própria que tinha condições, contanto que a executasse com todas as forças. Ela concordou. Sentaram para planejá-la. Conversaram sobre um treino de 100 tiros de 100 m, totalizando 10 km. É uma série tradicional na natação de alto nível, e muitos que a cumprem jamais esquecem. "Essa série você e muita gente já fizeram. Você vai fazer 200 de 100 m." Ela mal acreditou. Vinte quilômetros em uma única sessão. Achava que não aguentaria, mas, como já tinha aceitado o desafio, foi em frente.

Fez os primeiros 10 tiros para aquecer, nadando tranquilamente. Depois disso, o ritmo foi intenso. Tinha 1min25s a cada 100 m para nadar e descansar.

Poliana realiza série de 200 x 100 m no Clube Esperia, em São Paulo.

Fez apenas um intervalo mais longo depois do centésimo tiro para se alimentar. Nos últimos 20, sentindo-se bem, forçou ainda mais o ritmo e finalizou o treino com sucesso. Postou uma mensagem no mesmo dia no Facebook descrevendo o treino. Muita gente não acreditou; 100 de 100 m era uma série com a qual o mundo da natação estava acostumado, mas 200 de 100 m era algo inédito.

Aquele dia de março de 2013 foi fundamental para o retorno da motivação e essencial tanto no aspecto físico quanto no emocional. Passou a realizar treinos fortíssimos. Aos 30 anos, seu desempenho era melhor do que quando tinha 20. Depois daquilo, Poliana viu que era capaz. A campeã tinha voltado. E mais uma vez o técnico conseguiu tirá-la da zona de conforto e captar exatamente o que necessitava naquele momento, para que ela se sentisse apta a continuar em busca de seus sonhos.

Poliana, medalhista mundial em 2006 e 2009, campeã da Copa do Mundo e vice pan-americana, estava definitivamente de volta. E, exato um ano após a decepção de Londres, teria a chance de voltar ao jogo no Mundial de Esportes Aquáticos, em Barcelona, na Espanha.

Redenção

Dia 31 de dezembro de 2013. Poliana Okimoto acorda e vê a galeria de troféus e medalhas na sala de seu apartamento, onde se encontram somente suas conquistas mais importantes. Ela a compara com a mesma estante de um ano antes e recorda que era diferente.

Apesar de ainda sonhar com uma medalha olímpica na época, sabia que ter um ano como aquele que acabava seria muito difícil. É o que se pode descrever de ano perfeito no esporte. Em 2013, nenhum atleta brasileiro foi tão bem-sucedido internacionalmente, e poucos no mundo conseguiram feitos semelhantes.

E pensar que, um ano antes, ainda tinha dúvidas sobre seu futuro na natação.

Londres havia sido uma fatalidade. Sua carreira falava por si só. Ninguém chega a três medalhas em Mundiais, duas em Pan-Americanos e se torna campeã de um Circuito Mundial por acaso. Esqueça Londres e temos uma sequência invejável de conquistas.

Mas Poliana e Ricardo não seguiram a máxima de que em time que está ganhando não se mexe. Estavam mais para "se almeja algo diferente, faça algo diferente". A carreira era de sucesso, mas queriam subir mais um nível. Para sonhar com uma medalha olímpica em 2016, era preciso pensar sempre com mais ambição. As mudanças relatadas no capítulo anterior foram necessárias para que não somente voltasse à forma, mas chegasse a Barcelona para a disputa do Mundial de Esportes Aquáticos na melhor fase da vida.

*

E, mais uma vez, sua determinação foi posta à prova. Dois dias antes de sua estreia na competição, foi fazer o reconhecimento do local onde iria nadar, no Moll de la Fusta, o porto da baía de Barcelona. Com a chuva que havia caído no dia anterior, as condições para natação não eram as ideais e um forte odor podia ser sentido. Mesmo assim, Poliana executou seu treinamento. Ganhou com isso uma intoxicação. Passou a noite e o dia seguintes com vômito e diarreia. Foi até cogitada a sua saída da prova de 5 km, o que considerou uma injustiça. Após tudo que passou depois de Londres e chegando a Barcelona na melhor forma da vida, não iria abrir mão da oportunidade de redenção por causa de uma indisposição.

No dia da prova, estava melhor. Não sabia muito bem o que esperar, mas desde o início da disputa sentiu-se confortável e foi adquirindo confiança. Quem a visse nadando duvidaria que dois dias antes estava de cama. Esteve no pelotão dianteiro desde o início e liderou boa parte da segunda de duas voltas. Lembrando o Mundial de 2006, sua adversária poupou energias na segunda posição por um bom tempo e assumiu a liderança no final. Era ninguém menos que a americana Haley Anderson, vice-campeã olímpica dos 10 km em Londres. Na terceira posição, chegou Ana Marcela Cunha.

O ouro escapou por somente dois décimos de segundo. Mas a medalha de prata era uma volta por cima. Após a chegada, Ricardo não segurou as lágrimas. Era inevitável pensar em tudo pelo que tinham passado no último ano. Alguns meses antes, mesmo Poliana duvidaria de que voltaria ao pódio em um Mundial, e tão rapidamente.

E o melhor ainda estava por vir.

*

Poliana Okimoto | 117

Poliana, campeã mundial dos 10 km em 2013, e sua medalha de ouro.

Algo inusitado aconteceu após aquela prova de 5 km. Logo que encontrou Poliana, Ricardo a abraçou demorada e emocionadamente. Ambos vibraram com a medalha. Em seguida, ela disse: "Vou ganhar os 10 km."

Tal reação foi até de certo modo inesperada da reservada nadadora, que nunca teve o costume de prever seus resultados, quanto mais de prometer uma vitória. Mas a confiança adquirida foi tanta que não se segurou. E não poderia ter sido mais profética.

Ao contrário da disputa de 5 km, iniciou a dos 10 km sabendo exatamente do que era capaz. A indisposição havia ficado para trás. Por isso, não precisou se testar no início de prova para saber se estava rápida – sabia que estava. Nadou confortavelmente as duas primeiras de quatro voltas e manteve-se entre as dez primeiras colocadas, enquanto a húngara Eva Risztov, a campeã olímpica, liderava. Apesar de controlar o ritmo, um momento de tensão: levou uma bandeira amarela de advertência da organização por um contato com outra atleta (duas advertências causam expulsão da prova). Ela jamais havia recebido tal aviso, o que preocupou Ricardo Cintra.

Mas isso não a abalou. Na volta seguinte, tomou a iniciativa para se colocar entre as primeiras e passou para a terceira posição. O locutor oficial da competição, profeticamente, anunciava que o final de prova seria épico. Com um quilômetro para a chegada, Ana Marcela assumiu a liderança. Poliana disputava a segunda posição com a italiana Martina Grimaldi, bronze na Olimpíada de 2012, e a alemã Angela Maurer. Mais 500 metros e emparelhou com sua colega brasileira. Maurer tentava atacar, mas não tinha espaço entre as brasileiras. Gustavo Borges, que estava em Barcelona e assistia às provas de águas abertas, recorda: "Fiquei impressionado. Via uma menina superdeterminada e focada. Como a gente diz, a Poliana estava comendo água."

As brasileiras rumaram juntas para a chegada. Poliana, que havia perdido o ouro nos 5 km por dois décimos, dessa vez tocou três décimos à frente de Ana Marcela. Para fazer história.

Entre lágrimas, mal conseguia falar. Com sua compatriota, enrolou-se na bandeira brasileira e posou para fotos. Mais lágrimas rolaram no pódio e na execução do Hino Nacional. Nas entrevistas, chegou a desabafar e lembrar que, após Londres, muita gente queria aposentá-la. Por isso, dizia que nem em seus melhores sonhos achava que poderia ser tão bem-sucedida em Barcelona. Além da frustração olímpica, superava também a tristeza da perda da medalha de ouro no Mundial de 2010 por ter sido desclassificada na reta final da prova – ver capítulo "Temperaturas extremas" para mais detalhes. Ricardo dizia que a ficha ainda não havia caído.

*

Àquela altura, talvez eles não tivessem mensurado o tamanho do feito. Além da óbvia primeira dobradinha brasileira no alto do pódio em Mundiais de Esportes Aquáticos, também era uma vitória na disputa nobre das águas abertas, a prova olímpica de 10 km. Ao lado das medalhas de ouro com recordes mundiais de Ricardo Prado nos 400 m *medley* no Mundial de 1982, em Guaiaquil, e de Cesar Cielo nos 100 m livre no Mundial de 2009, em Roma, aquele era – e ainda é – o maior feito da história da natação brasileira em Mundiais.

E, apesar de o Brasil possuir uma lista considerável de vitórias em nível mundial nas águas, aquele ouro de Poliana tem poucos rivais no topo das maiores conquistas da história do país. A explicação é simples. A programação de Campeonatos Mundiais contém mais provas do que a dos Jogos Olímpicos. E, como a grande maioria dos nadadores baseia seus planejamentos visando às disputas olímpicas, as que constam no cronograma olímpico são sempre as mais importantes, mesmo que disputadas em Mundiais. Provas como 50 m borboleta, 50 m costas, 50 m peito, 5 km e 25 km e aquelas executadas em piscina de 25 metros são realizadas em Mundiais, mas não em Olimpíadas, o que faz com que sejam consideradas menos nobres.

Por isso, no mesmo patamar da vitória de Poliana nos 10 km de 2013 estão apenas os já citados 400 m *medley* de Ricardo Prado em 1982 e os ouros de Cesar Cielo nos 50 m livre em 2009, 2011 e 2013 e nos 100 m livre em 2009.

A partir daquele momento, ela colocara seu nome, definitivamente, entre os grandes.

*

Dois dias depois, caiu na água novamente para a disputa dos 5 km por equipes. Uma prova na qual cada time deve contar com três atletas, que nadam simultaneamente o percurso. O tempo final é medido na chegada do último integrante. Por isso, as equipes não duelam entre si. O resultado é aferido através da comparação dos tempos.

Cada equipe adota a estratégia que lhe for mais conveniente, contanto que tenha em sua formação no mínimo uma mulher. O mais usual é que tenha dois homens, e os nadadores nadem em fila, com os homens alternando-se na frente e levando a mulher no vácuo, estratégia em que a nadadora posiciona-se imediatamente atrás dos companheiros de modo a enfrentar menos resistência da água e desse modo conseguir mais velocidade.

A equipe brasileira foi formada por Poliana, Samuel de Bona e Allan do Carmo. Todos estavam em grande fase. Samuel havia sido o sexto colocado nos 5 km e Allan, o sétimo nos 10 km. Foram as melhores posições na história do Brasil nas respectivas provas masculinas em Mundiais. Motivados e confiantes, fizeram grande prova e só não foram tão rápidos quanto as equipes da Alemanha e da Grécia.

Poliana juntava a medalha de bronze ao ouro e à prata já conquistados nos dias anteriores e completava a coleção. Com suas três medalhas, conseguiu mais um feito: nenhum atleta brasileiro na história dos Mundiais de esportes aquáticos subiu ao pódio tantas vezes em uma única edição. Somadas às duas conquistas de Ana Marcela Cunha, o Brasil finalizou as provas de águas abertas com cinco pódios. E um feito inédito: o título geral oferecido pela Fina, como o país que mais pontuou na modalidade. Era a cereja no bolo para ela, que brilhava individualmente e ajudava a equipe a alcançar um patamar sem precedentes.

Mas ainda havia água para rolar.

*

No Troféu José Finkel, realizado um mês após o Mundial de Barcelona, Poliana aproveitou a boa forma para superar o recorde brasileiro dos 1.500 m livre, uma marca que já virava sua obsessão. Após chegar perto algumas vezes, finalmente superou o tempo de Nayara Ribeiro, que já durava 12 anos, com 16min26s90, cinco segundos mais rápido que o antigo recorde. Veremos mais detalhes sobre o feito no capítulo "Rivalidades".

A conquista também teve as marcas da superação e da redenção. Primeiro, porque superou um torcicolo, que a incomodou nos dias anteriores e até colocou em dúvida sua participação na prova. E segundo, porque se lembrou dos 1.500 m livre do último Troféu José Finkel disputado no clube, em 2008. Na ocasião, também chegara na frente, mas ao término da prova foi avisada de que havia sido desclassificada por ter se movimentado na saída. Imaginem

Capa da revista *Swim Channel* de dezembro de 2013: dona do mundo.

nadar 1.500 metros para descobrir que seu resultado foi invalidado. Por tudo isso, a conquista do recorde brasileiro, que já era boa, ficou ainda mais saborosa.

Confirmando a boa fase, nadou as duas etapas finais da Copa do Mundo, em Shantou, na China continental, e em Hong Kong, e venceu ambas. Na última, terminou com vantagem de dez segundos, algo raro em uma prova de alto nível internacional.

Poliana experimentava o melhor ano da carreira. Jamais em seus sonhos poderia imaginar que se reergueria tão rapidamente da frustração de 2012. E algumas emoções ainda estavam reservadas no apagar das luzes de 2013.

No topo do Brasil olímpico

Janeiro de 2014. Poliana Okimoto é convidada para um evento no Rio de Janeiro, para celebrar a assinatura de contrato de uma grande empresa com o Comitê Organizador dos Jogos Olímpicos de 2016. Horas antes, é avisada de que será atração ao lado de outra personalidade esportiva. Chegando no local, tem uma surpresa: seu parceiro é o ex-tenista Gustavo Kuerten, o Guga, um dos maiores nomes da história do esporte nacional.

Poliana pensa: "O que estou fazendo aqui? Me colocaram no mesmo nível dele? Devem estar malucos!" Durante o evento, imagina que todas as atenções se voltariam ao manezinho da ilha.

Mas, para sua surpresa, ela é tão requisitada quanto ele. Responde a diversas perguntas feitas pela imprensa presente no local. Guga até a reverencia em certo momento.

Poliana Okimoto e
Gustavo Kuerten.

E é aí que a ficha cai. Ele foi três vezes campeão em Roland Garros, um dos quatro torneios de Grand Slam e ápice na carreira de qualquer tenista, e líder do *ranking* mundial de tênis por quase uma temporada. Ela, àquela altura, já era medalhista pan-americana, uma medalha de ouro e outras quatro láureas em Mundiais e um título de Copa do Mundo.

E, no mês anterior, conquistara uma glória que lhe faltava e que Guga vencera no passado: o Prêmio Brasil Olímpico de melhor atleta do país.

Sim, ela não tinha nada a dever para o grande tenista, por quem sempre teve muita admiração. Era uma honra estar em um evento e ser considerada uma atleta do mesmo nível dele. Mas, naquele momento, era ela quem estava no topo.

*

O desempenho irretocável no Mundial de Barcelona continuou rendendo alegrias, mesmo meses após a competição. No final de 2013, foi eleita pela revista americana *Swimming World* a melhor nadadora em águas abertas do planeta. Trata-se da premiação mais tradicional no mundo dos esportes aquáticos, criada em 1964 e oferecida na modalidade de Poliana desde 2005, ano em que o Comitê Olímpico Internacional (COI) confirmou a inclusão da maratona aquática no programa dos Jogos Olímpicos. Ela foi a primeira, e até hoje única, nadadora de fora da Europa a vencer o prêmio nas águas abertas.

A Fina também a elegeu a melhor do mundo. As escolhas da entidade, ao contrário das feitas pela *Swimming World*, são frequentemente cercadas de polêmicas. Mas a escolha por Poliana naquele ano não levantou nenhuma dúvida. Pelo contrário. Foi unanimidade entre todos que acompanhavam o esporte.

Nenhuma surpresa, portanto, que fosse também indicada ao Prêmio Brasil Olímpico. Trata-se de uma cerimônia anual realizada pelo COB, em evento de gala, e constitui-se na principal premiação do esporte olímpico do país. Em 2006, 2007, 2009 e 2011, Poliana conquistara o prêmio de melhor atleta do país na maratona aquática.

Mas, em 2013, não bastava para ela ser a melhor de sua modalidade, o que era uma barbada. Pelo seu desempenho, foi indicada ao prêmio máximo, de melhor atleta do ano no feminino. Suas rivais seriam a judoca Rafaela Silva e a pentatleta Yane Marques.

Esperava, assim, afastar o fantasma de 2009. Ano em que também foi indicada, mas não levou.

*

Em 2009, também havia concorrido na principal categoria, pelo título da Copa do Mundo e a medalha no Mundial de Roma. Perdeu o troféu para a judoca Sarah Menezes, em uma decisão polêmica. Poliana era favorita, pois Sarah havia sido campeã mundial da categoria Júnior, e a nadadora havia tido conquistas de nível mundial na categoria Adulta. Mas o regulamento da época apontava que a vencedora seria decidida por votação popular pela internet, o que gerou controvérsias – até mesmo Wellington Dias, o governador do Piauí na época, estado de Sarah, usou entrevistas e seu programa em rádio para pedir votos à atleta.[36] "Naquele ano, Poliana foi a melhor atleta do país", lembra Cesar Cielo, que levou o prêmio no masculino. "Seria a primeira vez que a natação iria levar os dois prêmios principais, no feminino e no masculino, e o fato de a escolha ter sido baseada no voto popular fez com que o resultado final não fosse justo no caso da Poliana." Além de Cesar, outros atletas consagrados, como Natalia Falavigna e Torben Grael, dispararam contra o sistema de escolha,[37] argumentando que, daquela forma, o atleta não seria escolhido por seus méritos, e sim por ser capaz de mobilizar uma quantidade grande de pessoas na votação. Clamavam por uma escolha técnica de um júri especializado.

Como consequência, daquele ano em diante, o prêmio principal não seria mais decidido exclusivamente por voto popular. Tal votação teria um peso apenas parcial no resultado final, com a eleição feita por um júri especializado sendo responsável pela outra parcela. Anos depois, haveria mais uma mudança, com o júri especializado passando a ser integralmente responsável pela escolha do prêmio da categoria principal. A categoria "Atleta da Torcida" seria reservada para votação popular. "A melhora nos critérios do Prêmio Brasil Olímpico é mais um legado deixado por Poliana", afirma Cesar Cielo.

*

Em 2013, uma parcela do resultado final ainda era decidida por votação popular. E, dias antes da premiação, Poliana tinha mais um compromisso: a disputa do Desafio Rei e Rainha do Mar, em Copacabana, no Rio de Janeiro. A prova, não oficial, consistiria de uma disputa entre duplas de nadadores de vários países, em forma de revezamento – o percurso se daria em seis voltas de 600 m no mar, com cada nadador sendo responsável por três delas. Ela formaria a dupla brasileira com Samuel de Bona.

Com transmissão ao vivo da Rede Globo, a princípio serviria para Poliana fechar as competições do ano em alto estilo, sendo vista por milhões de telespectadores. Por outro lado, analisando friamente, ela podia ter muito a perder.

Quando retornou da etapa de Hong Kong da Copa do Mundo, sentou-se ao lado de um passageiro no avião que apresentava sintomas de gripe. Resultado: desembarcou no Brasil com uma insistente tosse. No dia anterior à disputa do Desafio Rei e Rainha do Mar, na definição do *grid* de largada, não nadou bem e teve problemas com a tosse no meio do percurso. A perspectiva para a prova não era boa. Chegar atrás de uma dupla estrangeira, com transmissão em rede nacional, poderia ter outras consequências além da simples perda da disputa.

Na reta final da votação popular do Prêmio Brasil Olímpico, volúvel como o público é, uma derrota àquela altura poderia fazer seu conceito cair frente a outra favorita, a judoca Rafaela Silva, que havia conquistado a medalha de ouro no Campeonato Mundial daquele ano, realizado no Brasil e, portanto, de grande apelo popular.

Sem o troféu de Rainha do Mar, sem o Prêmio Brasil Olímpico. Uma antítese ao que havia conquistado nos meses anteriores. E um cenário indesejável para aquele final de ano.

É nesses momentos, porém, que os campeões aparecem. Pressionada, Poliana, ao lado de Samuel, deu show em Copacabana e levou o troféu. É bom ressaltar que a concorrência era de respeito, com a presença, por exemplo, da britânica Keri-Anne Payne, vice-campeã olímpica em 2008 e bicampeã mundial, em 2009 e 2011.

Poliana recebe o Prêmio Brasil Olímpico de melhor atleta de 2013 das mãos do então ministro do esporte, Aldo Rebelo.

Se a conquista alavancou os votos para o Prêmio Brasil Olímpico, é difícil dizer. E, no dia 17 de dezembro, ela era anunciada como a melhor atleta do Brasil de 2013 entre as mulheres, no evento realizado no Teatro Bradesco, em São Paulo. Assim, ela colocava seu nome em uma seletíssima lista de atletas que alcançaram a maior honraria do esporte olímpico brasileiro, como Maurren Maggi, Cesar Cielo, Fabiana Murer, Giba e Vanderlei Cordeiro de Lima. E, claro, Gustavo Kuerten.

Foi assim que 2013, o ano que não deveria acabar, terminou. Deixava para trás a dor de Londres e fazia renascer a esperança olímpica. "O que é que torna heroico? Ir ao mesmo tempo para além da sua maior dor e da sua maior esperança" (Friedrich Nietzsche).

Se por um lado Poliana sabia que dificilmente teria uma temporada como aquela novamente, por outro foi o renascimento necessário para ter certeza de que valeria a pena encarar mais um ciclo olímpico e que estaria competitiva na próxima Olimpíada. E que, afinal, seria realizada no Rio de Janeiro.

A campeã não somente tinha voltado. Mas estava melhor do que nunca.

Dúvidas e incertezas

P oliana Okimoto chegou a 2016 com quase todas as conquistas com que um esportista pode sonhar. Sua galeria de medalhas, troféus e prêmios aumentava. Mas faltava uma medalha. Justamente a mais importante: a medalha olímpica.

Quem conhecera Poliana após seu ano perfeito de 2013 e lhe assistiu na Olimpíada do Rio de Janeiro pode ter pensado que aquela medalha era uma certeza. Mas essa aparente tranquilidade escondia um período repleto de incertezas e até mesmo de dúvidas sobre se conseguiria chegar à prova olímpica.

*

Após um 2013 mágico, o ano seguinte foi atípico – e talvez o menos produtivo desde 2006. Era a primeira temporada sem uma grande competição internacional como alvo – os Mundiais de Águas Abertas, tradicionalmente realizados em anos pares, tiveram sua última edição realizada em 2010 – a Fina avaliou que a concorrência com a maratona aquática olímpica a cada quatro anos não seria saudável para o evento, que poderia ficar esvaziado. Mas, nos anos seguintes, ainda houve os Mundiais de Esportes Aquáticos de 2011 e 2013 e a Olimpíada de 2012.

No início de 2014, Poliana e Ricardo trocaram o Minas Tênis Clube pela Unisanta, de Santos. Continuariam, no entanto, treinando e morando em São Paulo. Com isso, voltaram a representar a entidade após uma década. Na época, enfatizaram a importância que a instituição sempre deu às disputas em águas abertas, enquanto outros clubes priorizavam a natação em piscina.[38] No Brasil, em geral os clubes têm como prioridade o bom desempenho nos maiores eventos nacionais de piscina. As entidades que terminam tais competições no topo do *ranking* de pontos obtêm retorno, visibilidade e patrocínios. Para chegarem fortes aos campeonatos citados, querem sempre contar com seus melhores nadadores, exigência muitas vezes constante nos contratos dos atletas. Era o que ocorria com Poliana, quando nadava pelo Pinheiros, Corinthians e Minas Tênis. Mas, depois de voltar para a Unisanta, esse compromisso deixou de existir. Desde 2014, fica a seu critério nadar campeonatos como o Troféu Maria Lenk e o Troféu José Finkel, facilitando, dessa forma, uma programação voltada exclusivamente às disputas em águas abertas. O presidente da Unisanta, Marcelo Teixeira, é um entusiasta, amante e conhecedor da modalidade de longa data. Ex-presidente do Santos Futebol Clube, já foi vice-presidente da FAP e tem até um livro publicado sobre o esporte, *Revolution 9*. Conta a história de Renata Agondi, nadadora de Santos que faleceu tragicamente ao tentar a dificílima travessia do canal da Mancha, considerado o Everest das águas abertas.

De clube novo, Poliana deu prosseguimento à boa fase do ano anterior, vencendo a etapa da Copa do Mundo em Viedma, na Argentina, em fevereiro. Nas duas etapas seguintes, em Cancún, no México, e em Setúbal, em Portugal, terminou na segunda colocação. O objetivo daquele ano era disputar todas as etapas e brigar pelo título, que conquistara em 2009. Àquela altura, era a líder do *ranking* geral e tinha boas chances de manter-se na primeira posição nas etapas seguintes. Mas, em Setúbal, em determinada altura da prova, levantou a cabeça e foi atingida por uma onda. Imediatamente sentiu um desconforto no pescoço. Exames indicaram uma ruptura do anel fibroso do disco cartilaginoso que separa as vértebras C4 e C5.

Poliana Okimoto | 131

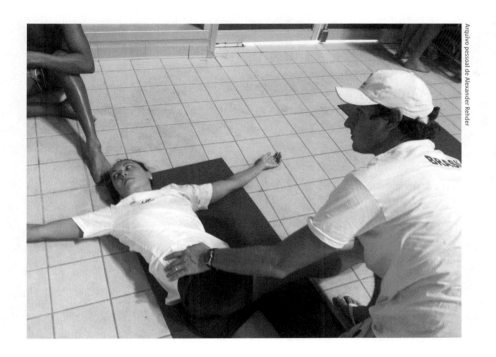

Poliana e seu fisioterapeuta,
Alexander Rehder,
em trabalho de alongamento.

Foi a primeira lesão de sua carreira, e uma experiência nada animadora. Seu fisioterapeuta, Alexander Rehder, sugeriu repouso e tratamento, pois uma cicatrização inadequada poderia ocasionar uma hérnia. Ter de ficar longe dos treinos e das competições não foi fácil. Mas também foi um período de aprendizado, no qual teve ainda mais consciência de que deveria respeitar os limites de seu corpo e de que precisaria abrir mão do que mais desejava naquele momento pelo bem daquilo que mais desejava na carreira.

Com isso, o planejamento do ano, de disputar e brigar pelo título da Copa do Mundo, foi por água abaixo. Foram seis semanas de fisioterapia, massagens, exercícios leves e muito repouso, longe dos extenuantes treinamentos em piscina.

Quando retornou aos treinos, logo já estava em condições de disputar as últimas etapas do circuito, em Chun'an, na China, e em Hong Kong. Terminou ambas na segunda posição. Ao final da temporada, a compatriota Ana Marcela Cunha levou o título geral. Poliana tinha pontuação suficiente para terminar na segunda colocação e levar o prêmio em dinheiro de 20 mil dólares, mas não cumpria o requisito da disputa de um número mínimo de etapas.

Estava animada com o rápido retorno à boa forma. Mas, no final do ano, seu corpo voltou a acusar a lesão. Resultado: mais dois meses longe das piscinas e muita fisioterapia e repouso.

Ainda havia bastante tempo, um ano e meio, para se recuperar e entrar em forma para os Jogos Olímpicos. Só que, antes disso, precisaria se classificar para a Olimpíada. E a seletiva seria no mês de julho de 2015, no Mundial de Esportes Aquáticos, em Kazan, na Rússia.

E o desespero bateu à porta.

*

Poliana jamais sofreu qualquer advertência nos constantes exames antidoping aos quais teve que se submeter como atleta de nível internacional. E não pense que apenas aqueles que ingerem substâncias proibidas com intenção de incrementar seus desempenhos têm possibilidade de ter seus exames positivos. As regras são tão rígidas que um simples remédio para dor de cabeça pode fazer com que o resultado do exame seja adverso. Por isso, a preocupação com medicamentos deve ser redobrada; tal rigidez quase levou ao encerramento de sua carreira em 2014.

A nadadora sempre seguiu à risca a cartilha antidoping recomendada pela Agência Mundial Antidoping (Wada). De três em três meses, ela deve informar todos os seus deslocamentos e detalhar os locais nos quais estará, inclusive horários de treino. Tais procedimentos são obrigatórios para viabilizar os famosos testes surpresa, nos quais os fiscais simplesmente batem à porta e o atleta deve estar disponível. Como agências diferentes podem realizar os testes – a Wada, a Autoridade Brasileira de Controle de Dopagem (ABCD) e, nos esportes aquáticos, a Fina –, com Poliana já houve casos de até dois testes surpresa em uma semana. De janeiro a agosto de 2016, até os Jogos Olímpicos do Rio de Janeiro, submeteu-se a oito testes surpresa e mais quatro em competições.

Com tamanha quantidade de testes, a nadadora é extremamente cuidadosa com tudo que ingere, principalmente medicamentos. Evita remédios ao máximo e só recorre a eles em último caso. Quando existe a necessidade, verifica as possibilidades de medicamentos permitidos, consulta Gustavo Magliocca, médico da CBDA, e em alguns casos é preciso até fazer um requerimento especial à Fina.

Foi o que ocorreu em 2014. Quando teve a lesão no pescoço, foi-lhe receitado um medicamento para acelerar o processo de recuperação e cicatrização. Como o remédio continha corticoide, substância permitida apenas com aviso prévio, o médico escreveu uma carta à Wada e à Fina solicitando autorização para seu uso, com exames e laudo. As entidades não deram retorno. Com isso, a recuperação, que levaria de 20 a 30 dias, durou dois meses, e Poliana foi obrigada a ficar afastada dos treinos nesse período. No final do ano, a lesão voltou. Mais dois meses fora das piscinas. Provavelmente, se tivesse utilizado o medicamento, não teria ficado tanto tempo longe dos treinos.

Hoje, é mais fácil fazer essa análise. Mas, na época, com a lesão, veio também a insegurança. Como não se recuperava, pensava que a idade era a responsável. Achava que estava na curva descendente da carreira e que jamais voltaria a ganhar nada.

*

O primeiro semestre de 2015 foi difícil. Vinda de dois períodos afastada por lesão, a recuperação física foi lenta. O início do ano foi dedicado aos treinos de base aeróbica, nos quais, através de séries de grande metragem, adquire-se resistência para suportar as fases seguintes de treinamento e as próprias competições. No entanto, nessa época ela ainda se recuperava e sabia que esse obstáculo poderia prejudicá-la no Mundial. Não se alimentava bem, por receio de engordar quando estava na fase de retomada com treinamentos leves. Caiu em um ciclo vicioso: não tinha energia para ter bons desempenhos, e por não ter energia Ricardo Cintra não conseguia aumentar o volume dos treinamentos. Sem confiança, pensou até em abandonar a carreira.

Abriu mão da disputa dos Jogos Pan-Americanos de Toronto, que foram realizados menos de um mês antes do Mundial. Chegando em Kazan, deparou-se com mais problemas. Ao executar o reconhecimento do local de prova, encontrou frio e água gelada. A temperatura ambiente era de 11°C e a da água, 17°C. Mais uma vez, retornava a preocupação com baixas temperaturas. Chegou a falar para Ricardo que, se as condições continuassem daquela maneira, não conseguiria completar a prova. Com aquilo na cabeça, os dias que antecederam a competição foram péssimos. Poliana não rendia nos treinos e não conseguia completar sequer tiros de 100 m. Como nadar dessa maneira uma prova de 10 km? Ricardo não sabia o que fazer. Pela primeira vez viu-se fora do controle da situação e pensava realisticamente que seria muito difícil terminar entre as dez primeiras.

As regras de classificação olímpicas para a prova de 10 km em águas abertas continuavam as mesmas das duas Olimpíadas anteriores. As dez primeiras colocadas no Mundial teriam classificação automática. As outras 15 vagas seriam decididas em uma prova de repescagem, no ano seguinte. Mas nem todas poderiam disputar tal repescagem. Se uma atleta de determinado país obtivesse classificação no Mundial, o mesmo país não poderia inscrever nadadoras na repescagem. A única forma de um país classificar duas nadadoras para a Olimpíada seria se as duas terminassem entre as dez primeiras no Mundial.

Por isso, se Poliana não finalizasse entre as dez melhores em Kazan e Ana Marcela Cunha fosse *top* 10, não teria sequer a chance de tentar a classificação olímpica na prova de repescagem. E esse era o provável cenário que se desenhava. Ana Marcela, em grande forma, e Poliana, desmotivada e sem confiança. Tudo parecia indicar um desastre. Uma não classificação olímpica resultaria em cortes de verbas e patrocínios. Uma aposentadoria seria o caminho mais provável.

Com todos esses ingredientes e o astral em baixa, chegou o dia da prova. E, contra tudo e contra todos, Poliana, que defendia o título conquistado em 2013, chegou lá. Manteve-se o tempo todo entre as dez primeiras colocadas, mas engana-se quem acha que a prova foi tranquila. Sua forma física e, principalmente, a condição psicológica deixavam dúvidas sobre se aguentaria o ritmo até o final.

Poliana e Igor de Souza, diretor de maratonas aquáticas da CBDA.

Aguentou e terminou na sexta posição, com Ana Marcela conquistando a medalha de bronze. A ausência de medalhas para a defensora do título era o que menos importava. O objetivo do ano, a classificação olímpica, havia sido cumprido. Curiosamente, pela terceira seletiva olímpica consecutiva, Poliana terminava a prova na mesma sexta posição. "Não tenho receio de dizer que a classificação olímpica foi um milagre", lembra o fisioterapeuta Alexander Rehder. "Os treinamentos em altitude antes da competição não foram legais, ela estava sem base aeróbica adequada devido à recuperação da lesão no início do ano, o astral estava péssimo."

A nadadora saiu aliviada da água, mas não contente. Não estava satisfeita com seu desempenho. Havia nadado muito aquém de 2013 e sabia que, em condições normais, não teria chegado mais de 20 segundos atrás da francesa Aurélie Muller e da holandesa Sharon van Rouwendaal, as duas primeiras colocadas.

Não foi só ela que não gostou do resultado. "Fiquei muito preocupado com ela. Mais até do que no período após a Olimpíada de Londres, em 2012", conta Igor de Souza, diretor de maratonas aquáticas da CBDA. Após o Mundial, convocou uma reunião e relembrou a costumeira postura de campeã, sempre presente na carreira da nadadora. "Uma atleta como a Poliana não poderia ter entrado na prova com receio de não se classificar para a Olimpíada", relembra. "Falei duro com ela, como nunca havia feito." Não foi uma conversa fácil: Poliana saiu da reunião aos prantos, mas colheu o útil do que ouviu. "Ela teve uma atitude de campeã. Podia ter me mandado para aquele lugar. Mas não. Teve a humildade de reconhecer que precisaria mudar sua postura." Ela considera que aquela conversa foi de fundamental importância, por ter trazido a ela a opinião, mesmo que dura, de alguém de fora da rotina e os aspectos aos quais ela deveria se atentar em sua preparação olímpica.

Dali para a frente, tudo seria diferente. Precisava ser.

Longevidade

"Qual seria a sua idade se você não soubesse quantos anos você tem?" (Autor desconhecido)

Mesmo sem saber, esse sempre pareceu ser um dos lemas de Poliana Okimoto. Por um tempo, era considerada muito jovem. Por outro, muito velha. Nunca existiu meio termo para ela.

Houve vezes em que ela própria parecia convencer-se de que seu tempo no esporte havia passado. Mas não demorava para provar a si e aos críticos que a idade está somente na cabeça.

Se Poliana não soubesse quantos anos tem, a resposta à pergunta acima seria simples: teria sempre a idade ideal para balancear a capacidade física com o aprendizado obtido em sua carreira.

*

O ano que separou a contusão no pescoço, em 2014, e o Mundial de Kazan, em 2015, foi terrível. A falta de rendimento devia-se a vários fatores, mas, internamente, Poliana creditava a má fase à idade. Passando das três décadas de vida, caia na armadilha dos críticos. Ser desacreditado por causa da idade no esporte não é coisa rara. Poliana teve que dar a volta por cima. E não pela primeira vez.

Quando começou a se destacar nacionalmente, aos 13 anos, batendo nadadoras com o dobro de sua idade, muitas vezes o espanto transformava-se em crítica. Alguns diziam que uma nadadora tão jovem não deveria se expor a treinos tão extenuantes, que possivelmente um talento estaria sendo queimado e que dificilmente ela não iria se estafar anos mais tarde e logo poderia abandonar o esporte.

Por outro lado, quando trocou a natação em piscina pelas águas abertas, já era taxada de velha por alguns. Tinha 25 anos quando disputou sua primeira Olimpíada, mais nova que apenas cinco das 24 adversárias. Com a ascensão de Ana Marcela Cunha, quinta colocada na ocasião com apenas 16 anos, a jovem passou a ser considerada o futuro da modalidade no Brasil, enquanto Poliana precisava matar um leão por dia para mostrar que nunca deixou de ser competitiva.

*

Ser chamada de velha é algo com que teve que lidar por muito tempo. Mesmo antes de brilhar nas águas abertas, no período entre 2003 e 2005. Ultrapassara os 20 anos e sua melhor marca nos 800 m livre vinha de 1998. Para quem planejava disputar os Jogos Olímpicos de Atenas em 2004 anos antes, seus resultados não condiziam com o objetivo. Ao atravessar as duas décadas de vida sem resultados expressivos internacionalmente, muitos acharam que o caminho natural era a aposentadoria para seguir a vida fora das piscinas.

A própria Poliana pensava assim. Imaginava que, quando terminasse a faculdade de Letras, o que ocorreu em 2006, iria atrás de um emprego e encerraria a carreira de atleta.

Foi quando a maratona aquática surgiu em sua vida, com os resultados que já sabemos. Mesmo com a projeção internacional obtida, por muitas vezes teve que passar por cima das críticas.

Um episódio é emblemático. Entre 1997 e 1999, buscou com todas as forças superar os recordes brasileiros de sua heroína, Patricia Amorim, nos 400 m e 800 m livre, que se mantinham imbatíveis desde 1988. Na época, todos achavam que ela era a candidata natural a superá-los, pois havia sido um fenômeno infantil e cada vez chegava mais perto. Mas, a partir de 1999, não conseguiu mais melhorar seus tempos, e viu naquele ano Nayara Ribeiro e Ana Carolina Muniz, nadadoras mais jovens, superarem os recordes que ela tanto buscara.

À medida que o tempo ia passando e não melhorava suas marcas, foi perdendo relevância em termos de perspectivas de grandes resultados. A busca por recordes, então, nem passava pela sua cabeça. Antes dos 20 anos, já era considerada ultrapassada.

Quando mudou seu foco para as águas abertas e passou a treinar com Ricardo Cintra, a partir de 2005, os novos ares lhe fizeram muito bem. Não só nadava bem nas águas abertas, como, motivada, também melhorava seu desempenho nas provas de piscina, mesmo não sendo sua prioridade. Em 2006, melhorou de uma vez seu tempo nos 800 m livre em piscina de 50 metros em mais de quatro segundos. Detalhe: sua melhor marca anterior vinha de 1998, quando tinha 15 anos. Continuou evoluindo e, em março de 2008, nadando um torneio regional em Santos, na Unisanta, alcançou, com dez anos de atraso, a marca brasileira da prova.

Nada mal para quem, quase uma década antes, era vista como decadente. Quem iria imaginar que, tantos anos depois, Poliana seria a recordista nacional de uma prova em que ficou oito anos sem melhorar sua marca? O tempo é implacável e dificilmente um atleta volta ao auge depois de tantos anos. No seu caso, a espera serviu para deixar a conquista mais saborosa.

*

Em 2009, ano em que o Brasil adquiriu o direito de sediar os Jogos Olímpicos de 2016, Poliana declarou que gostaria muito de disputar a edição olímpica caseira. Ela não tinha dúvidas de que estaria competitiva 7 anos depois. Mas muita gente tinha.

Apesar dos bons resultados, como a prata no Mundial de 2009, o título da Copa do Mundo do mesmo ano e a prata nos Jogos Pan-Americanos de 2011, muita gente olhava com desconfiança o fato de a nadadora chegar aos Jogos Olímpicos de Londres com quase 30 anos. A história também jogava contra. O mais velho medalhista brasileiro na natação olímpica até então era Gustavo Borges, com 27 anos em 2000, no revezamento 4x100 m livre. Individualmente, a distância aumentava: o mais veterano era o mesmo Gustavo, com 23 anos em 1996 (superado em 2012 por Thiago Pereira, com 26).

Poliana e Fabiola Molina:
natação de alto nível
após os 30 anos.

Por isso, quando, aos 29 anos, abandonou a prova olímpica de Londres com hipotermia, não foi pouca gente que achou que sua carreira tinha acabado. O jeito era apostar as fichas da natação feminina brasileira em águas abertas em Ana Marcela Cunha, quase dez anos mais jovem, que não se classificara para aquela Olimpíada, mas mantinha-se consistente entre as melhores do mundo.

*

A própria Poliana muitas vezes acreditou que realmente estava velha para o esporte. Que, aos 30 anos, não tinha mais o vigor físico dos anos anteriores, que os anos de extenuantes treinamentos começavam a pagar seu preço, que não conseguiria se recuperar como antes... Enfim, que seria muito mais difícil a partir de então continuar na natação de alto nível.

Mas um fato foi determinante para que ela não deixasse de tentar. Após o fracasso de Londres, Poliana e Ricardo temiam que não voltassem a ter o mesmo suporte financeiro da CBDA nos anos seguintes. No entanto, a Confederação garantiu que a nadadora continuaria tendo o mesmo apoio, pois entendia que o que acontecera nos Jogos Olímpicos havia sido um acidente de percurso. A missão agora era ela própria acreditar que a idade era só um número.

Com mudanças em sua preparação, como inclusão de treinamento funcional e alteração na nutrição, passou a ter mais energia, recuperar-se melhor e, sobretudo, treinar melhor. Ela não estava velha. Apenas precisava se adaptar às necessidades de seu corpo. Resultado: campeã mundial dos 10 km e outras duas medalhas no Mundial de Barcelona, em 2013. Em entrevista coletiva após a prova de 10 km, disse que se superou após muita gente ter tentado aposentá-la.

"Poliana aprendeu ao longo dos anos a administrar a idade", afirma Igor de Souza. "Não deve, e nem precisa, nadar todas as provas que estão à disposição, dos 5 aos 25 km, como faz Ana Marcela, quase dez anos mais nova. As necessidades e os limites do corpo humano mudam ao longo dos anos, e ela aprendeu a tirar o máximo dele com inteligência, trabalho e dedicação."

Com a cabeça refeita, o plano era manter o trabalho e chegar à Olimpíada de 2016 lapidada para a prova. Mas o caminho planejado não pôde ser exatamente seguido. E o fantasma da idade vez ou outra bateria à porta.

*

Ana Marcela Cunha vencera a Copa do Mundo em 2014, e em 2015 teve grande desempenho no Mundial de Kazan, na Rússia, com a medalha de ouro nos 25 km, prata nos 5 km por equipes e bronze nos 10 km. O desempenho a fez ser eleita a melhor atleta feminina do ano do país no Prêmio Brasil Olímpico. Com isso, passou a ser considerada a favorita brasileira na maratona aquática olímpica de 2016. Aos 24 anos, estava no auge e pronta para a consagração.

Com isso, Poliana fora deixada de lado por muita gente. Apesar de ser a única campeã mundial brasileira na maratona aquática de 10 km, o vigor e os melhores resultados que Ana Marcela mostravam deixaram-na em segundo plano.

Como já havia superado desconfianças outras vezes, Poliana não via motivos para não fazê-lo novamente. Com a ajuda de profissionais, alterou a rotina de alimentação e também a preparação física, como fizera em 2013. E, como naquela ocasião, o resultado foi uma melhora significativa nos treinamentos. Voltando ao questionamento que abre este capítulo, se Poliana não soubesse quantos anos tinha, apostaria que teria no máximo 20, tamanha a qualidade de sua natação.

Mas, sem acompanhar sua preparação, muita gente a tirava do páreo justamente por acreditar que a idade definitivamente chegara. Que o último suspiro havia sido em 2013.

Não poderiam estar mais equivocados.

*

Desde sua primeira prova para valer em águas abertas, a Travessia dos Fortes de 2005, Poliana sempre valorizou a experiência em competições. Para ela, quanto mais tempo de estrada tiver, mais vezes enfrentará situações adversas e terá reações cada vez mais automáticas e acertadas quando surgirem dificuldades. Obviamente isso não acontece de uma hora para outra. Por isso, em águas abertas, modalidade em que cada prova tem uma característica diferente, tal experiência é fundamental. E é adquirida com o tempo.

"Se o atleta quer, se ele tem dedicação e motivação, não tem idade que o pare", diz Cesar Cielo. "Naturalmente com o tempo perde-se um pouco do vigor que atletas jovens têm mais. Mas a experiência adquirida faz diferença, ainda mais em provas de maratonas aquáticas, que exigem tomadas de decisões rápidas e saber como fazer na hora em que tem que fazer."

Por já ser uma atleta relativamente madura quando se iniciou em águas abertas, soube aproveitar muito bem o aprendizado no início, e sempre manteve a mente aberta e a evolução. Jamais ficou reclusa apenas treinando, exceto

Poliana Okimoto | 143

Poliana e o alemão
Thomas Lurz:
exemplos de longevidade.

por motivos de força maior. Sempre soube que competir é o melhor modo de se preparar para as adversidades das águas abertas.

A modalidade à qual Poliana se dedica é extremamente desgastante. Não tanto pelas extenuantes provas, mas principalmente pela rotina que os atletas precisam enfrentar. Para terem condições de encarar competições em que nadam 10 km em cerca de duas horas, precisam treinar mais que isso diariamente. E um dos aspectos que exige foco e força mental é o fato de a natação ser um esporte solitário em sua essência. Nos treinamentos, são horas com a cabeça dentro d'água, sem interação com outras pessoas, sem a possibilidade de falar nem conversar com ninguém. Muitos não suportam a rotina por muito tempo. Nadadores de provas mais curtas, em teoria, têm possibilidade maior de longevidade. Apesar de também enfrentarem desgastantes treinamentos, não têm a necessidade de nadar metragens tão longas diariamente. Tanto que os campeões olímpicos individuais mais velhos da natação de cada gênero conquistaram medalhas de ouro na prova mais curta, os 50 m livre – a holandesa Inge de Bruijn no feminino, às vésperas de completar 31 anos, em 2004, e o americano Anthony Ervin no masculino, aos 35, em 2016.

Mas, apesar de a rotina aparentemente jogar contra a longevidade de nadadores de maratonas aquáticas, a experiência faz, sim, muita diferença. A alemã Angela Maurer ganhou medalhas em Mundiais em 2013 e 2015, nesse último aos 40 anos. O grego Spyridon Gianniotis foi bronze nos 10 km no Mundial de 2015, aos 35 anos.

E talvez o maior exemplo de manutenção no topo da modalidade por longo período seja o alemão Thomas Lurz, o nadador mais consagrado da história das competições em águas abertas. Além de ter sido bronze e prata nas Olimpíadas de 2008 e 2012, respectivamente, conseguiu o impressionante feito de conquistar medalhas de ouro, entre Mundiais de Águas Abertas e de Esportes Aquáticos, em todas as edições de 2004 a 2013. É o mais condecorado da modalidade, com 11 títulos mundiais nas provas de 5 km, 10 km e 25 km, um feito notável tanto pela supremacia quanto pela longevidade. Encerrou a carreira em 2014, aos 35 anos, tendo sido campeão mundial no ano anterior.

Às vésperas da Olimpíada do Rio de Janeiro, Poliana, aos 33 anos, inspirava-se nesses nadadores. Mas muita gente achava o contrário. Pouquíssimos atletas brasileiros com mais de 30 anos haviam nadado em Jogos Olímpicos – até 2016 foram apenas seis. E nenhum deles havia conquistado medalhas. As estatísticas estavam contra ela.

Tais fatos serviam de motivação. E foram combustíveis para mostrar para quem achasse o contrário que ela estaria no páreo.

Dedicação

"O hábito de sonhar claro dá uma noção justa da realidade. Quem sonha demais precisa de dar realidade ao sonho." (Fernando Pessoa)

Poliana Okimoto sempre foi uma sonhadora. Desde cedo, aprendeu a almejar alto.

Acredita tão fortemente no comprometimento para alcançar seus objetivos que passou a não suportar a ideia de atribuir o sucesso ao acaso. Não tem nenhuma superstição e foge do pensamento de adotar uma. Quando começa a achar que um maiô, uma touca ou um ritual está dando sorte, bloqueia o pensamento e muda o que for necessário para não virar refém de eventuais crendices.

No início de 2014, o site *Swim Brasil*, especializado em natação competitiva, fez um curioso levantamento. Sendo Poliana uma nadadora de provas de longas distâncias desde jovem e tendo se especializado em provas de águas abertas de 5 km e 10 km, o volume de treinamentos que enfrentou ao longo dos anos foi enorme. Em uma estimativa, as autoras da reportagem, Beatriz Nantes e Carolina Moncorvo, chegaram ao número de 67.500 km nadados por Poliana em sua vida. O que resultaria em quase duas voltas ao mundo a nado.[39]

A estimativa foi baseada em uma metragem média de 75 km semanais em treinamentos, 50 semanas por ano, desde 1996 – ano em que começou a disputar campeonatos brasileiros. Um cálculo bem realista, pois até então a nadadora jamais se lesionara e em determinados períodos chegava a treinar acima de 100 km semanais. Dificilmente abaixo de 50 km, a não ser em períodos pré-competição.

Até os Jogos Olímpicos do Rio de Janeiro, foram mais dois anos e meio, com altíssimas metragens no ano olímpico. Talvez somado esse período à estimativa inicial resulte em duas voltas ao mundo, que tem cerca 40 mil quilômetros de circunferência.

Por ter iniciado muito cedo na natação de alto nível, por sempre manter a regularidade nos treinamentos, por nadar provas de longa distância e consequentemente ter que treinar altos volumes e por ter uma carreira longeva, não é difícil imaginar que possivelmente jamais alguém tenha treinado tanto na história do país. Nadadores de alto nível que disputavam provas longas, como Ricardo Prado e Djan Madruga, também treinavam muito em suas épocas. Mas tiveram carreiras mais curtas. E não precisavam nadar provas de 10 km.

Eis aí seu segredo para o sucesso. Aliada ao talento natural para o esporte, está uma dedicação poucas vezes vista na natação do Brasil.

*

Algumas pessoas nascem com aptidão incrível para o esporte. Por muito tempo, e até por uma carreira inteira, conseguem vitórias e conquistas baseadas em seu talento. Outras nem são tão talentosas, mas conseguem prosperar com dedicação e determinação. Quando o talento se une ao esforço e à disciplina, em geral florescem os campeões.

Poliana Okimoto é dessas. Que ela nasceu para a natação ninguém discute, sobretudo para a maratona aquática. Seu estilo de nado e o modo com que consegue utilizar sua técnica para deslizar e flutuar na água são incríveis. Mas pergunte a qualquer um que tenha trabalhado com ela ou que ao menos tenha presenciado um pouco de sua rotina de treinamentos e terá a mesma resposta: dificilmente alguém viu esportista tão dedicado.

Poliana Okimoto | 147

Equipe da Guaru Munhoz
pronta para mais um
treino de madrugada.

"A dedicação e a disciplina são características muito marcantes da Poliana", diz uma pessoa com conhecimento de causa, Gustavo Borges. "É uma pessoa que fala pouco e faz muito. Nunca a vi reclamar dos resultados, mesmo quando não nada bem. Volta a trabalhar imediatamente visando ao próximo desafio."

Ela diz que ama competir, mas ama da mesma forma os treinamentos e a preparação para alcançar seus objetivos. Esse equilíbrio explica sua longevidade, regularidade e conquistas. Os mais de dez anos na elite das águas abertas, sempre entre as melhores do mundo – é a única a terminar provas em Mundiais entre as dez melhores em todas as edições entre 2006 e 2015 –, devem-se principalmente a esse comprometimento.

É uma história que começou na infância. Quando iniciou na natação, jamais perdia uma aula. Atazanava o irmão André, dois anos mais velho, para ir à academia. Como na época disputava apenas provas de velocidade e não havia ainda descoberto seu talento para provas longas, terminava as competições sempre nas últimas posições. Mesmo assim jamais perdeu o gosto e nunca deixou de frequentar as aulas, que logo viraram treinos.

Quando tinha entre 11 e 12 anos, já vencia campeonatos paulistas da categoria Petiz. Na academia que frequentava, a Guaru Munhoz, treinava com nadadores de sua faixa etária, enquanto a equipe principal, de nadadores mais velhos, treinava em horário diferente. Ficava assistindo aos treinamentos daqueles atletas, alguns dos quais consagrados campeões nacionais, sonhando com o dia em que faria parte daquele grupo.

Uma das particularidades da preparação dos nadadores mais velhos eram os treinos da madrugada. Eram executados em torno das 4h30, 5h00 até por volta das 6h00, 6h30. Depois disso, os atletas iam para a escola ou faculdade, para voltar à academia na parte da tarde. Treinar duas vezes por dia tinha como objetivo aumentar as metragens nadadas, principalmente no período de base aeróbica, fundamental para que os nadadores tivessem resistência para suportar suas provas.

Como Poliana era muito nova, ainda não fazia parte dessa programação. Mas queria muito. Sua mãe, Cleonice, vendo a vontade da filha, chegava a pressionar o técnico Ismar Barbosa para que a jovem fosse incluída em tais treinamentos.

Afinal, ela jamais faltou quando passou a treinar em duas sessões diárias. Cleonice não media esforços para levá-la à academia, mesmo de madrugada. No caminho para a escola, comia no carro. Quando saía da escola, almoçava também no carro e ia direto para o treino. Nessa época, aos 13 anos, já treinava cerca de 12 km por dia.

José Munhoz, o treinador da equipe principal, e Ismar Barbosa seguiam uma filosofia rígida e disciplinadora, que foi importante até para moldar o caráter de Poliana e de seus colegas de treino. As lições da época foram importantíssimas para que se tornasse uma atleta dedicada e focada. Uma atitude emblemática de Munhoz era em relação aos horários. Quem chegasse um minuto atrasado ao treino da madrugada não podia entrar na piscina. Não importava que tivesse acordado às 4h apenas para isso. Nem todos se adaptavam. Mas os que incorporavam aquela mentalidade, como os campeões brasileiros Alexandre Angelotti, Luciana Abe, Celina Endo e outros, tiveram grande sucesso. Poliana é uma que jamais se atrasa para uma sessão de treinos.

*

Em nome do amor pelo esporte e do desejo de voar alto, teve que abdicar de muitas coisas para chegar aonde chegou. "Não conheço nenhuma pessoa que tenha renunciado a tantas coisas como ela", diz sua mãe Cleonice. "Essa capacidade é única e difícil de encontrar. E foi algo que ela aperfeiçoou ao longo dos anos." É compreensível. À medida que a maturidade chega, tem-se melhor a noção dos sacrifícios a se fazer em prol de um objetivo maior.

Quando era jovem, Poliana já sabia que tinha que abrir mão de festas e encontros com amigos para priorizar treinos e competições. Os amigos muitas vezes não entendiam. Mas as vitórias e os recordes desde cedo mostravam que aquele era o caminho pelo qual queria seguir.

As privações ao longo do tempo foram ficando maiores. Ela nunca reclamou. E sempre teve o apoio da família. Quando sua avó materna faleceu, Poliana estava em uma competição fora do país e pronta para retornar. Os pais resolveram não dar a notícia, para que ela não passasse a viagem de volta com aquilo na cabeça. Soube somente quando chegou ao Brasil. Em 2007, seu avô paterno morreu. Ela estava a caminho da Austrália, para o Mundial de Melbourne. A família escondeu o fato para não atrapalhar sua concentração.

Poliana ficou chateada por não ter podido comparecer ao casamento do irmão mais velho, André, em 2009. Estava em viagem para uma etapa da Copa do Mundo, da qual terminaria o ano como vitoriosa. Mas, apesar de querer muito estar presente, tinha a consciência de que fazia aquilo por um objetivo.

Também não pôde ir à formatura do irmão mais novo, Alisson, que ocorreu em julho de 2016. Estava no México realizando treinos em altitude na última etapa de preparação antes dos Jogos Olímpicos.

Houve outros casamentos, formaturas, aniversários, comemorações, encontros, festas e velórios aos quais não pôde comparecer. Alguns acham estranho. "Para quem não tem tal espírito de renúncia, realmente é difícil de entender", afirma Cleonice. "E no esporte, para conseguir o que ela conseguiu, é preciso ter esse espírito. É admirável." Poliana jamais abriu mão de nada na natação. Mesmo que para isso tivesse que se ausentar de compromissos importantes de sua vida pessoal. Em troca, ela obtinha uma vitória, uma medalha, uma disputa, uma frustração, uma alegria. Eram tijolos na construção de uma estrutura que culminaria com a grande conquista.

*

Eduardo Candiota, profissional responsável por sua preparação física no período que antecedeu os Jogos Olímpicos de 2016, lembra que teve apenas cinco meses e meio para trabalhar com ela, de fevereiro a agosto. "Apesar de o tempo ter sido curto, Poliana conseguiu absorver completamente os benefícios da preparação, enquanto outros atletas levam mais tempo", diz ele. "Isso se deve à sua capacidade diferenciada de concentração, dedicação e foco. Sempre mostrava muita motivação e oferecia *feedbacks* diários, o que fazia com que os estímulos mudassem a cada dia e o trabalho rendesse mais."

Ele também recorda que, no período, Poliana jamais faltou ou chegou atrasada a um treino, mesmo quando tinha outros compromissos com televisão e patrocinadores. Tudo ficava para depois em prol da preparação. "Vi coisas impressionantes. Chegava ao extremo de não conseguir sequer segurar uma barra por não ter forças nas mãos após realizar exercícios até a exaustão. E ela sempre pedia mais", lembra Eduardo.

O comprometimento passa por outros fatores além da dedicação nos treinos. "Ela se cuida muito", diz Alexander Rehder. "E é preciso. Uma atleta do seu nível é exposta a uma sobrecarga muito grande. Além dos treinamentos, uma nadadora como ela disputa cinco ou seis provas de 10 km por semestre. Para efeito de comparação, na prova similar no atletismo, a maratona de 42 km, com duração semelhante, os atletas de nível internacional competem uma média de quatro a cinco vezes por ano. É preciso um cuidado muito

Poliana em treinamento.

grande com o corpo. E ela tem a exata noção disso." Alexander ressalta a sua disciplina para obedecer aos importantes períodos de descanso e recuperação, além de seguir à risca a dieta recomendada por sua nutricionista. Não deixa nada ao acaso. É atleta 24 horas por dia.

Ismar Barbosa cita alguns nadadores que passaram por suas mãos que eram talentos natos, mas que não tinham o comprometimento necessário para continuar no esporte de alto nível com resultados regulares. "Alguns desses atletas, com o talento que tinham, se tivessem a cabeça da Poliana poderiam ser medalhistas olímpicos", recorda. Ainda bem que a talentosa Poliana nasceu com a cabeça de Poliana. E pôde tornar realidade os sonhos que sempre teve.

Caminho para o Rio

Naquele dia, Ricardo Cintra foi dormir na sala. Pegou seu travesseiro e deixou Poliana sozinha no quarto.

Vida de esposa e marido tem seus momentos difíceis. Imagine quando a relação também é de atleta e treinador, como é o caso do casal. As brigas e desentendimentos devem acontecer em maior frequência. Afinal, existem mais motivos para tal. A convivência é de 24 horas por dia, sem interrupções.

Não é bem por aí. Apesar de viverem em função do trabalho, jamais brigaram feio. Discussões normais somente. Algumas mais ásperas, mas somente no treinamento, momento em que o sangue está quente. Logo conversam, resolvem o assunto e dormem tranquilos.

Se a relação é tão pacífica, por que Ricardo naquele dia deixou Poliana sozinha no quarto?

Nenhuma briga foi o motivo. Muito pelo contrário. A dedicação à relação é tamanha que, quando sente algum sintoma de gripe ou de alguma doença, pega seu travesseiro e vai dormir na sala. Tudo para preservar a saúde e o descanso da esposa.

A devoção ao trabalho e ao relacionamento é notada em atitudes como essa no dia a dia. E, entrando em ano de Jogos Olímpicos do Rio de Janeiro, não mediriam esforços para alcançar o objetivo.

*

Festa, presentes, muita comida, música, descontração... Para muita gente, esse é o roteiro do dia 24 de dezembro todos os anos, na preparação para a ceia de Natal.

Para Poliana Okimoto, é diferente. Diferente do resto do mundo, e igual aos outros dias do ano. No máximo, uma comida gostosa na ceia. Adentrar a madrugada abrindo presentes, nem pensar. Dia 25 de dezembro também é dia de treino.

Se é assim todos os anos, imagine no Natal de 2015, em plena preparação para os Jogos Olímpicos. Ainda mais em fase de base aeróbica, de grandes metragens. Naquele dia 24, fez dois dos treinos inesquecíveis de sua vida.

Sua programação do dia incluía nadar em dois períodos. Mas esperava séries leves, afinal era véspera de Natal. Na sessão da manhã, Ricardo Cintra passou a série: 100 de 100 m, totalizando 10 km. Ficou surpresa com o volume e a intensidade. À tarde, com a certeza de que teria um treino tranquilo, mais 100 de 100 m. Poliana recorda que talvez tenham sido as sessões mais difíceis de sua vida, principalmente por ter sido pega de surpresa. Mais até que uma série de 200 de 100 m realizada em 2013, antes do Mundial de Barcelona – como vimos no capítulo "Voltando à vida".

Treinos que mexem com o aspecto mental são essenciais na preparação de um atleta de alto nível. Afinal, em uma grande competição internacional, todos estão bem preparados, e muitas vezes o que faz a diferença na hora de conquistar uma medalha é a capacidade de o nadador se superar em uma situação de pressão e estresse. A disposição de Poliana fez com que encarasse e superasse sempre tais desafios. Não é qualquer nadadora que se sagra vice-campeã mundial nadando uma prova de 10 km com o tímpano perfurado, como ocorreu em 2006, ou que conquista a medalha de prata em outro Mundial dois dias após uma infecção estomacal e de ter sua participação colocada em dúvida, como foi em 2013. Até a Olimpíada do Rio de Janeiro, ela precisaria encarar muitos treinos exaustivos para condicionar o físico e, sobretudo, a cabeça.

Alguns dizem que é dom. Mas poucos sabem dos 100 de 100 m de manhã e 100 de 100 m à tarde em plena véspera de Natal. No final, cada gota de suor vale.

*

Entrando no ano olímpico de 2016, a concentração era total. Até os Jogos Olímpicos do Rio de Janeiro, em agosto, Poliana ficaria dez meses sem disputar competições em piscina – jamais ficara tanto tempo ausente desse tipo de torneio – para se dedicar exclusivamente a provas em águas abertas.

O último campeonato que nadou em piscina antes da Olimpíada foram os Jogos Mundiais Militares, em outubro de 2015, em Mungyeong, na Coreia do Sul. Mas por que ela teria disputado tal competição?

Em 2010, a nadadora havia aderido ao Programa de Alto Rendimento das Forças Armadas, financiado pelo Ministério da Defesa. Dessa forma, passou por um processo seletivo, ingressou na carreira militar, submeteu-se a um treinamento rigoroso e foi incorporada às Forças Armadas como sargento. O programa adquiriu grande importância em sua carreira, por oferecer apoio a treinamentos e assistência médica, odontológica, fisioterapêutica, entre outros, além de salário. Desde então, passa por reciclagens anuais nas quais aprende técnicas de tiro, como sobreviver na selva e fazer descida de rapel. Ela enfatiza hoje que carregará para sempre as lições aprendidas.

E, para representar o Exército Brasileiro, foi para a Coreia do Sul participar daquela competição. Por não estarem programadas provas de águas

Poliana em treinamento no Exército.

abertas, nadou somente os 400 m e 800 m livre em piscina. Mesmo contra rivais mais bem preparadas para esses tipos de disputas, saiu com uma medalha de bronze na prova mais longa. A sargento Poliana Okimoto entrara como franco-atiradora. E, a partir daquele momento, se dedicaria somente à maratona aquática para chegar à Olimpíada, dez meses depois, no pelotão de elite. E com artilharia pesada.

*

No início do ano olímpico, Poliana e Ricardo aos poucos foram alterando aspectos da rotina em busca de melhorias. Ao perceber que a alimentação não estava mais dando conta de fornecer toda a energia necessária para os treinamentos, decidiram buscar o auxílio da nutricionista Yana Glaser. A consequência foi mais disposição e melhoria de desempenho nos treinos.

A primeira competição de 2016 foi a estreia da Copa do Mundo em Viedma, na Argentina. Apesar de ter chegado na segunda colocação, Poliana não gostou da maneira como nadou. Não se sentiu bem na água. Nessa época, tinha muitas dúvidas sobre se chegaria competitiva aos Jogos Olímpicos. Foi quando Ricardo decidiu alterar toda a rotina de treinamentos. Um passo arriscado a seis meses da Olimpíada. Mas necessário, pois, sem confiança, não haveria chances. "Não se faz nada sem forças, e essas forças é preciso conquistá-las à força" (Fiodor Dostoievski).

*

Era tudo ou nada. Nos meses seguintes, abririam mão de suas vidas pessoais em prol da preparação. A rotina era rígida: às 7h30 da manhã, estavam na piscina do Esperia. Às 21h30, já se preparavam para dormir. Todas as horas do dia eram voltadas aos treinos dentro e fora d'água, à fisioterapia, à alimentação, ao descanso – ou seja, cabeça e corpo voltados inteiramente para a prova olímpica de 10 km em agosto. E em um trabalho mais duro do que nunca.

Os treinos de Poliana sempre foram baseados em longas metragens, desde criança. No entanto, beirando os 33 anos, não treinava tanto quanto fazia aos 20 anos, quando chegava a 100 km por semana. Pois foi o que Ricardo propôs: aumentar os treinamentos, chegando novamente a uma centena de quilômetros semanais. Ele sentia que, com o novo trabalho de nutrição, a nadadora teria capacidade para suportar as pesadas cargas. No início ela desconfiou, pois acreditava que, com sua idade, seu corpo havia mudado e não seria capaz, de metragens tão longas e que nem seriam necessárias. Mas aceitou.

Também acertaram mudar a preparação física no início de 2016. Passou a ser orientada por Eduardo Candiota, do Sesi de São Paulo, que também era responsável pela preparação de, entre outras, Etiene Medeiros, principal nadadora brasileira nas piscinas. Também tinha experiência com atletas de maratona aquática: havia trabalhado com Ana Marcela Cunha e cuidava da preparação de Diogo Vilarinho, medalhista de prata na prova por equipes no Mundial de 2015.

O principal foco da preparação foi não só ganhar resistência e força, mas coordenar os movimentos e aprender a trabalhar com o corpo. Não adiantava levantar 100 kg na musculação se não conseguisse transferir a força para a água – afinal, a natação baseia-se em deslocar o corpo de um ponto a outro usando a força dos membros. O objetivo, portanto, era utilizar essa força de maneira eficiente e econômica. Para isso, trabalhos variados foram utilizados: musculação sem aparelho, atividades de ginástica natural, de solo e suspensa (como barras e argolas) e educativos coordenativos de corrida.

*

Em um período curto, as alterações surtiram resultado. Menos de um mês depois do início do novo trabalho de preparação física, na segunda etapa da Copa do Mundo, em Abu Dhabi, nos Emirados Árabes, Poliana chegou na segunda posição, mas sentiu-se poderosa nadando. Na volta aos treinos, fez séries inacreditáveis, de acordo com suas próprias palavras. Como treinava com qualidade mesmo com volumes altíssimos, começou a recobrar a confiança e acreditar novamente em si. Nunca nadou tantos metros e tão rápido. Para se ter uma ideia, na época detinha o recorde brasileiro dos 800 m livre em piscina de 25 metros desde 2010, com 8min27s77. Nos treinamentos, por algumas vezes nadou na casa dos 8min27s, um tempo que só havia conseguido fazer em competição, nas melhores condições. Nos 200 m livre, chegou a nadar no treino para 1min59s, sendo que seu melhor tempo em competição era 2min01s. Podia ter feito excelentes marcas no Troféu Maria Lenk, competição que definiria a seleção brasileira para as provas de piscina para os Jogos do Rio de Janeiro. Mas preferiu abrir mão do torneio e não se expor, para dar continuidade de maneira adequada aos treinamentos visando à Olimpíada.

Nessa época, Poliana enfrentou 21 semanas do período que se chama de base aeróbica, em que se nadam grandes volumes, para que se consiga resistência para o período seguinte, de trabalho específico, estratégias de provas e outros ajustes. Jamais treinara assim, tanto em volume quanto em qualidade. De segunda a sábado, treinava um total de quase 100 km. Nas últimas duas das 21 semanas, carinhosamente chamadas de "semanas do inferno", eram 10 km de manhã e 10 km de tarde, todos os dias. Mais de 100 km semanais. Aos 33 anos, estava melhor do que aos 15, aos 20, aos 25. A cada treino difícil, ganhava mais confiança.

Um treino em particular desse período pré-olímpico ficou marcado para Ricardo. Poliana já havia nadado mais de 5 mil metros, quando teria que cumprir três séries de 15 de 100 m, em grande intensidade, com intervalo curto – 1min15s para nadar e descansar a cada 100 m. Ao final da segunda série, Ricardo notou que a nadadora chorava. Estava exaurida. Perguntou se queria que o intervalo fosse aumentado ou a série diminuída, e recebeu de volta um palavrão. Desistir jamais esteve no vocabulário. Preocupado, o treinador pediu ao salva-vidas do Esperia que redobrasse a atenção e ficasse de olho na nadadora. A tensão e o esforço eram tais que ele temia que Poliana desmaiasse em pleno treinamento. O episódio ilustra a mentalidade da atleta, principalmente às vésperas dos Jogos Olímpicos.

Alexander Rehder, seu fisioterapeuta, estava presente em outro treino em que ela chorou. "Todo atleta tem dias bons e dias ruins. E aquele era um dia ruim para ela. Realmente não estava bem", lembra. A nadadora fazia uma série de 8 tiros de 100 m, com tempo de descanso de cerca de 2 minutos entre cada tiro. E tinha que nadar todos para 100% de sua capacidade. Faltando 2 tiros, Poliana chorava. Ricardo sugeriu encerrar a série. Ela respondeu: "Não. Vou fazer um tiro de 200 m." Fez o tempo de 2min01s, muito próximo de sua melhor marca pessoal na distância em piscina de 25 m. "E terminou o treino chorando de dor, quase precisando ser carregada", impressiona-se Alexander. "Não conheço outro atleta que faria isso. Na minha época de nadador, estive em equipes com grandes nomes, medalhistas olímpicos e pan-americanos, que treinavam muito forte. Mas igual a Poliana eu nunca vi."

Para nadar bem a Olimpíada do Rio, ela realmente não media esforços. Trocou preparador físico e nutricionista no ano olímpico, um movimento arriscado, mas que se mostrou necessário, como será detalhado no capítulo "Caminho para o Rio". Ao contrário de 2008 e 2012, não se sentia na obrigação de ganhar medalha, mas sim de dar seu melhor. Outras nadadoras poderiam até chegar à frente, mas teriam que suar muito. Mergulhando de cabeça nos treinos como fez, as chances de um grande resultado aumentavam sobremaneira. E ainda tem gente que fala de sorte. Quanto mais ela trabalha, mais sorte parece ter.

Parte da equipe multidisciplinar de Poliana: Eduardo Candiota (preparador físico), Ricardo Cintra (treinador) e Alexander Rehder (fisioterapeuta).

Rivalidades

Praia de Copacabana. Maio de 2016. Poliana Okimoto prepara-se para nadar 10 km no cenário da prova olímpica de águas abertas. É apenas um treinamento, organizado pela CBDA, para que os atletas classificados para os Jogos Olímpicos pudessem simular o percurso que teriam que cumprir em agosto.

A princípio, nada demais. Conhecia muito bem o palco olímpico. Entre Travessias dos Fortes, Jogos Pan-Americanos e Desafios Rei e Rainha do Mar, havia competido lá inúmeras vezes.

No entanto, aquele treino tinha um significado especial. Nadaria ao lado de Allan do Carmo, representante brasileiro na prova masculina, e de outros atletas trazidos pela CBDA, que deveriam nadar contra os competidores olímpicos como se fossem seus adversários. Mas o grande atrativo era o duelo entre Poliana e Ana Marcela Cunha.

A paulista e a baiana monopolizam as atenções na maratona aquática do país desde 2006, quando disputaram seu primeiro Mundial. Poliana alcançou glórias antes, mas logo sua rival igualou várias de suas conquistas. Nenhum país do mundo no período produziu duas nadadoras tão qualificadas na modalidade. Uma tornou-se parâmetro para a outra. A rivalidade doméstica as move.

O resultado daquela prova simulada, na teoria, não serviria para apontar qual das duas estaria mais preparada para a disputa de agosto. Mas, na prática, poderia representar uma vantagem psicológica significativa. Derrotar a principal rival no terreno olímpico era o que cada uma das duas mais desejava naquele dia.

A disputa foi acirrada como em uma competição. Sob olhares de fãs e curiosos na praia de Copacabana, o resultado final não foi mais impressionante que a batalha que se viu durante todo o percurso. Ambas bateram a mão no pórtico de chegada rigorosamente empatadas, com o mesmo tempo.

*

Aquele era apenas mais um capítulo das intensas disputas contra Ana Marcela, que, como ambas reconhecem, foram importantíssimas para que jamais se acomodassem e baixassem a guarda. Mas não era a primeira grande rivalidade enfrentada por Poliana, que, com o tempo, aprendera a tirar delas o melhor proveito para evoluir no esporte.

Quando começou a se destacar em nível nacional, não tinha rivais na piscina. Ao menos em suas categorias etárias, dos 11 aos 15 anos, não era incomodada por absolutamente ninguém. "Muitas vezes a desafiava a vencer os 800 m livre com 50 metros de vantagem sobre a segunda colocada", lembra seu técnico de juventude, Ismar Barbosa.

Mesmo em competições adultas, na época a concorrência não atrapalhava. É certo que, quando começou a disputá-las, não iniciou vencendo. Mas ser derrotada aos 13 e 14 anos por nadadoras de 20 e poucos era mais um incentivo de que estava no caminho certo.

E já entre os 14 e 15 anos passou a dominar as provas de 400 m e 800 m livre no Brasil. Por ser jovem, parecia que seria uma longa hegemonia. Ledo engano.

E ela deve agradecer pelo surgimento de rivais que jamais a fizeram sossegar e a conduziram ao nível que chegou.

Entre 1999 e 2003, Poliana foi incomodada por diversas rivais nas piscinas. No período, tinha muitas dificuldades para superar, principalmente, Ana Carolina Muniz, Nayara Ribeiro, Mariana Brochado e Monique Ferreira, as últimas duas nadadoras olímpicas. E é desse período o maior saldo das rivalidades nas piscinas.

Nayara, em fase primorosa, nadou os 1.500 m livre no Mundial de Esportes Aquáticos em Fukuoka, no Japão, em 2001. Lá bateu o recorde sul-americano de Patricia Amorim, que vinha desde 1989, abaixando a marca de 16min59s85 para 16min32s18. Foi um desempenho incrível. A performance deu a ela a oitava posição na prova – foi a primeira vez que uma mulher brasileira participou de uma final de natação em um Mundial.

O auge de Nayara foi curto. Jamais igualou aquele desempenho. E como aquela marca dos 1.500 m livre poderia ter sido boa para Poliana, que na época não atravessava boa fase e sequer nadava abaixo de 17 minutos?

Em 2006, decidiu se focar nas águas abertas. Mas aquele recorde jamais saiu de sua cabeça. Quando retomou a motivação pela natação, com as conquistas em maratonas aquáticas, também começou a nadar melhor nas piscinas. Queria vencer nos rios e mares. Mas também queria a marca histórica de Nayara.

A permanência do recorde por tantos anos foi benéfica. Esforçava-se muito para batê-lo e, por isso, tinha que se desdobrar nos treinos, o que a ajudava a ter melhores desempenhos nas provas de águas abertas. A cada vez que chegava perto do recorde, e não foram poucas, treinava ainda mais para que conseguisse superá-lo na oportunidade seguinte. Por isso, a motivação para derrubar a marca de Nayara foi essencial em sua carreira.

De 2008 a 2013, chegou próximo do recorde várias vezes. Por pelo menos quatro ocasiões fez a segunda melhor marca brasileira da história da prova. Começava até a mostrar certa impaciência após chegar perto tantas vezes.

Até que, no Troféu José Finkel de 2013, após um desempenho histórico no Mundial de Barcelona, em que conquistou uma medalha de ouro, uma de prata e uma de bronze nas águas abertas, teve certeza de que o recorde cairia. Estava na melhor forma da vida e motivada. E o fato de os 1.500 m livre terem sido agendados para o dia de início da competição fez Ricardo Cintra ter a certeza de que o recorde cairia ali. Em outras ocasiões, a prova era realizada no último dia do campeonato, que em geral tem duração de seis dias, após Poliana ter nadado provas de 200 m, 400 m e 800 m, entre eliminatórias e finais. Não havia como não sentir o cansaço.

Poliana comemora ao
superar o recorde brasileiro
dos 1.500 m livre em 2013.

Dito e feito. Sem adversárias e nadando apenas contra o relógio na piscina do Corinthians, que ela tanto conhecia, terminou com o tempo de 16min26s90. Não só bateu o recorde como também o diminuiu em mais de cinco segundos.

Ricardo diz que a rivalidade com esse recorde é a mais duradoura que ela já enfrentou na carreira: 12 anos. Nas águas abertas, no entanto, existe outra importantíssima, já citada. E que se encaminha para mais de uma década.

*

Na Travessia dos Fortes de 2005, aquela em que se revelou para as disputas em águas abertas, Poliana descobriu muita coisa. Além de ter sido o pontapé inicial para as maiores conquistas de sua vida, foi lá que conheceu uma certa nadadora. Nenhuma das duas podia fazer ideia, mas era o início de uma caminhada conjunta e de uma rivalidade intensa. Hoje, na maratona aquática, é impossível falar de Poliana Okimoto sem citar Ana Marcela Cunha e vice-versa.

Nos anos seguintes, colocaram-se como estrelas absolutas da modalidade. Além da diferença de idade, também carregam personalidades bem distintas. Poliana é reservada e introspectiva, preferindo concentrar-se ao lado de Ricardo Cintra em suas competições. Ana Marcela sente-se à vontade entre desconhecidos, é despachada e irreverente – comportamento refletido em diversas tatuagens e variados cortes e cores de cabelo. Fisicamente também são muito diferentes. Poliana é franzina, Ana Marcela, por volta de 10 kg mais pesada, é "um tanque", nas palavras de Igor de Souza. "Ambas conseguem nadar muito bem em todas as situações. Mas Poliana vai melhor em mar calmo com temperatura amena. Ana Marcela consegue bons desempenhos em mares mexidos, em temperaturas altas e baixas."

Naquela Travessia dos Fortes, Poliana, aos 22 anos, vencera a prova com autoridade. Monique Ferreira, ganhadora no ano anterior, era uma das favoritas. Mas chegou atrás de uma jovem baiana e desconhecida Ana Marcela, de 13 anos, que surpreendeu com vigor e força física ao terminar a prova na segunda posição.

Em 2006, na ausência de Poliana, que disputava o Campeonato Sul-Americano em piscina, Ana Marcela venceu a primeira etapa do Circuito Brasileiro de Águas Abertas. Na segunda, em Porto Alegre, derrotou Poliana pela primeira vez. "Lembro-me muito bem dessa prova, no rio Guaíba", recorda Luiz Lima. "Ali nascia a rivalidade. Foi naquele momento que percebi que tínhamos duas joias nas maratonas aquáticas."

Em 2008, Ana Marcela e Poliana nadaram a prova de 10 km nos Jogos Olímpicos de Pequim, na qual obtiveram bons resultados – quinta e sétima posições, respectivamente –, em episódio detalhado no capítulo "Lições de Pequim".

Continuaram na elite mundial da modalidade nos anos seguintes, alternando-se como as melhores do Brasil. Entre 2006 e 2015, cada uma foi escolhida a melhor atleta da modalidade no país pelo COB em cinco ocasiões.

Assim como Poliana, Ana Marcela também tem conquistas internacionais relevantes, incluindo cinco medalhas em Mundiais – duas de ouro – e três títulos de Copa do Mundo.

Nunca houve dúvida de que a rivalidade entre as nadadoras só as fez crescer. Acomodar-se é impossível. Não é sequer preciso viajar para competições internacionais para encontrar rivais de alto nível. Em uma simples etapa de Circuito Brasileiro, podem se encontrar e protagonizar uma grande batalha. Como sempre querem a vitória, precisam estar bem preparadas em todos os momentos. "Ter duas atletas desse nível é um sonho de consumo para qualquer seleção", afirma Igor de Souza. "É uma atleta puxando a outra o tempo inteiro." O que é essencial para que sempre se mantenham em grande forma.

*

Ana Marcela chegou a 2016 bem cotada. Com três medalhas no Mundial de 2015, conquistou o Prêmio Brasil Olímpico de melhor atleta do país. Era tida e havida como uma das grandes chances de medalha de ouro na Olimpíada do Rio na prova de 10 km para boa parte do público e analistas brasileiros. Poliana, de certo modo, por vários fatores, foi deixada um pouco de lado; por ter sido ofuscada nos dois anos anteriores, por ser frequentemente comparada com a rival no quesito etário, por não ter subido ao pódio de grandes eventos internacionais desde 2013.

Entretanto, quem acompanhava de perto sua preparação sabia que estava em grande forma em 2016. Igor de Souza, por exemplo, apontava chances iguais para ambas. Em sete provas nas quais as duas se encontraram em 2016, o placar dos duelos apontava ligeira vantagem de quatro a três para Ana Marcela.

Em uma dessas competições, ocorreram três confrontos diretos. No Desafio Rei e Rainha do Mar, em Ubatuba (SP), no mês de abril, nadaram as provas de 1 km, 2 km e 4 km. Disputas atípicas por contarem com uma corrida na areia na saída da água, rumo à linha de chegada.

Ana Marcela Cunha
e Poliana Okimoto:
duelo recorrente.

Nas duas mais curtas, o roteiro se repetiu: Poliana saiu do mar na liderança, seguida de perto por Ana Marcela, que a ultrapassou na corrida. Poliana ficou incomodada com as derrotas. Na prova de 4 km, tinha uma boa liderança na metade da prova e a vitória praticamente garantida. Ao invés de se poupar, fez o inverso: continuou forçando para devolver as derrotas anteriores com juros. Cruzou a linha de chegada quase dois minutos à frente de Ana Marcela. Tal episódio é emblemático, pois mostra como uma consegue motivar a outra dentro d'água.

*

A alternância de vitórias entre as nadadoras nas provas de 2016 atestava um equilíbrio que foi confirmado de maneira incrível no mês seguinte, naquele treino em Copacabana descrito no início do capítulo.

Momentos antes daquela disputa, uma equipe do programa *Esporte espetacular*, da Rede Globo de Televisão, posicionava-se para captar imagens dos nadadores. Poliana e Ricardo empolgaram-se com a possibilidade de ter a oportunidade de falarem sobre a preparação olímpica em um programa de enorme audiência, a três meses dos Jogos. Só que apenas Ana Marcela foi requisitada.

Naquele momento, mais uma vez, a rivalidade foi importantíssima. Notaram certa preferência da imprensa e do público pela rival no período pré-olímpico. Na realidade, Ana Marcela Cunha era, para o público, o rosto das águas abertas do Brasil, principalmente por seu desempenho no ano anterior. A pressão que Poliana havia suportado nas duas edições anteriores agora estava sobre ela. Talvez isso tenha ajudado uma e atrapalhado outra. Difícil dizer. O fato é que, para quem acompanhava de perto, as duas tinham condições de obter bons resultados. Poliana e Ricardo, mais do que ninguém, sabiam disso. O ostracismo a que foi relegada pelo *Esporte espetacular* naquela manhã de maio e outros episódios passaram a ser combustível para sua motivação.

Não é apenas dentro d'água que se moldam as rivalidades.

*

Poliana teve seu papel pioneiro na maratona aquática e abriu muitos caminhos para todas que a seguiram. É inegável a sua influência nas carreiras das mais novas. Foi medalhista no Mundial de Águas Abertas em 2006, venceu a Copa do Mundo em 2009 e conquistou o Prêmio Brasil Olímpico em 2013. Ana Marcela, por sua vez, repetiu os dois primeiros feitos em 2010 e o último em 2015. Vê-se que Poliana abriu o caminho para diversas conquistas. Caso Ana Marcela conquiste uma medalha olímpica no futuro, sabe que um pedaço dela será de Poliana.

Assim como Poliana sabe que um pedaço da medalha olímpica que viria a conquistar no Rio de Janeiro é de Ana Marcela. Ela reconhece tal concorrência acirrada, porém saudável, como fator de suma importância para que se mantivesse tanto tempo entre as melhores e alcançasse afinal o sonhado e brilhante objetivo.

Ajustes finais

No dia 18 de junho de 2016, Poliana faria sua última prova na preparação para os Jogos Olímpicos, que ocorreriam no Rio de Janeiro em menos de dois meses. Era a etapa da Copa do Mundo em Balatonfüred, na Hungria. Tinha expectativa de um bom resultado, pois vinha de um período de treinamentos excelente.

Ao final dos 10 km, terminou na sexta posição. Foi um balde de água fria. Não entendeu como aquilo aconteceu, após fazer os melhores treinos de sua vida. Saiu da prova extremamente chateada. Considerava aquele teste decisivo, por ser a última prova antes da Olimpíada e por reunir algumas de suas principais rivais, como Ana Marcela Cunha, a italiana Rachele Bruni e a americana Haley Anderson. Chegou atrás de todas.

A confiança ficou abalada por um tempo. Um dos maiores receios sempre foi chegar em um momento de sua carreira em que não conseguisse mais render, independentemente do quanto se dedicasse. Isso realmente acontece com vários atletas, principalmente veteranos, que permanecem no esporte por mais tempo que a média. E ela pensou que tal momento poderia ter chegado justamente às vésperas dos Jogos Olímpicos. Ficou desanimada e chegou até a pensar em desistir de tudo.

Felizmente Ricardo Cintra a convenceu de que foi apenas um acidente de percurso, e que o resultado foi reflexo do cansaço dos extenuantes treinamentos. Para as competições principais, os atletas passam por um período chamado de polimento, no qual uma das características é o volume de treinos reduzido, para que os nadadores cheguem descansados à prova. Mas isso não ocorre nas competições preparatórias. Como cada atleta tem sua programação particular de preparação, nadadores diferentes podem chegar a esse tipo de prova em situações diferentes. Foi o que ocorreu naquela etapa da Hungria.

O que, analisando friamente, foi até bom. Poliana estava muito satisfeita com a qualidade dos treinos que fazia, e aquele baque mostrou que não podia esmorecer ou se acomodar.

*

O choque daquela etapa da Hungria contribuiu para que não baixasse a guarda em nenhum momento. Os treinos pré-olímpicos foram feitos, como de costume às vésperas de grandes competições, em altitude, dessa vez em La Loma, no México. Treinos em altitude fazem parte de uma estratégia muito comum e benéfica para atletas de alto nível. Por causa da redução do oxigênio do ar, a resposta do corpo é o aumento do número de glóbulos vermelhos, o que significa a capacidade de transportar oxigênio pelo sangue e consequentemente melhorar o desempenho aeróbico quando o atleta vai competir no nível do mar.[40] Em tais condições, é comum a resistência do corpo humano cair nos primeiros dias. Poliana sempre enfrentara problemas na altitude: gripe, sinusite, infecções. E, dessa vez, nada aconteceu. Conseguiu fazer todos os treinos da melhor forma possível. Ela mesma não acreditava.

Matheus Bertolazzi, nadador que treinou sob a orientação de Ricardo Cintra no Esperia, nadou ao lado de Poliana durante todo o período de preparação para os Jogos Olímpicos. E também estava em La Loma, realizando os mesmos treinos de sua companheira, que dessa forma tinha alguém para puxá-la. Matheus recorda que ficou impressionado com a qualidade dos treinos da colega na altitude do México. "Um ou dois dias antes de voltarmos para o

Brasil, fizemos uma série de 12 tiros de 100 m na piscina de 25 m", recorda. "A Poliana estava demais! Tínhamos 1min15s para nadar e descansar em cada tiro. Ela começou nadando para 1min02s, passou para 1min01s e nos dois últimos fez 1min00s. Eu olhava para o lado e a via extremamente concentrada, focada, parecia estar em um estado alfa, em um outro mundo. Depois de três semanas treinando forte na altitude, vê-la fazer essa série nessa qualidade foi uma das coisas mais impressionantes que já vi em minha vida."

O fisioterapeuta Alexander Rehder também presenciou os treinos de Poliana no período. E é enfático: "Nunca vi e acho que nunca vou ver alguém treinar tanto como ela antes da Olimpíada. Era bizarro! Na altitude, ela estava voando." Ricardo Rivas, treinador do Sesi de São Paulo e auxiliar de Eduardo Candiota, foi ao México como responsável pela preparação física da nadadora. Foi outro que ficou impressionado. "Nunca vi alguém fazer séries tão duras e segurar tempos com intervalos tão apertados", relembra. "Algumas vezes, o Ricardo Cintra dava a ela duas opções de séries principais. A resposta era sempre assustadoramente simples: 'Qual é a mais difícil? Quero fazer a mais difícil!'"

A equipe fazia reuniões regulares, com o objetivo de balancear os fortíssimos treinos, preocupados com a possibilidade de lesão às vésperas dos Jogos. "Os treinos me deixavam de cabelo em pé", afirma Alexander. "Falhar não era uma opção, por isso era preciso ter muito cuidado", recorda Ricardo Rivas. No final, o trabalho, bem feito, chegou ao fim sem percalços.

Com isso, chegou ao Rio de Janeiro com a confiança em alta. Diferente da Poliana de um ano antes, às vésperas do Mundial de Kazan. E, sobretudo, muito diferente daquela de 2012, cuja preocupação com a temperatura da água a fez nadar a prova olímpica na defensiva.

Dessa vez sentia-se leve. Pronta para aproveitar a Olimpíada em seu país.

*

Poliana recebeu as notícias no dia 13 de agosto com alguma preocupação.

Já estava em total concentração para a prova olímpica dos 10 km dos Jogos do Rio de Janeiro, que aconteceria dois dias depois, quando soube que a balsa que serviria de ponto de partida na praia de Copacabana havia sido destruída devido a uma forte ressaca. O cabo de aço que sustentava a balsa foi rompido com a força das ondas.[41] Em relação à logística, não houve maiores preocupações, pois havia uma reserva para o caso de qualquer eventualidade.

Mas não era boa notícia para Poliana, que, apesar de nadar melhor em mares do que em lagos e rios, sempre preferiu águas calmas.

Na realidade, nos dias anteriores à prova, procurava ficar por dentro da previsão do tempo e do mar no Rio de Janeiro. A ressaca que destruiu a balsa de partida era mais um indicativo do que se esperava para o dia da prova: mar frio e revolto.

Será que Poliana iria se abater, como ocorreu em 2012, com as condições climáticas?

Negativo. A sequência de acontecimentos e a preparação prévia faziam daquele momento muito distinto do de quatro anos antes. Em 2012, a estratégia utilizada para combater as águas frias de Londres havia sido física – engordara alguns quilos para tentar suportar baixas temperaturas. Dessa vez, além de preparar seu corpo – treinou mais vezes em tais condições –, a abordagem também foi mental. Psicologicamente, procurou se preparar para enfrentar condições adversas. Trabalhou com a psicóloga Regina Brandão nos meses que antecederam os Jogos para suportar água quente ou fria e mar mexido.

Por isso, a momentânea preocupação com aquela ressaca de Copacabana logo passou. O astral era outro. Sentia-se mais leve. A preparação havia sido perfeita, sua cabeça estava tão bem quanto seu corpo e isso colaborava para que estivesse com a consciência tranquila nos dias anteriores. Tinha certeza de que faria uma boa prova. "Fui visitá-la no hotel no dia anterior à prova e fiquei impressionada. Não tinha nada a ver com a Poliana de 2012. Ela estava calma, feliz, confiante. Notei uma energia muito boa. Senti que ela estava em uma semana especial", lembra sua mãe, Cleonice Okimoto.

Além disso, chegou ao Rio com um pensamento fixo. Estava decidida a sair daquela Olimpíada com boas lembranças. Em Pequim e em Londres, saiu frustrada e com memórias ruins de suas provas. Não importava o que acontecesse, estava disposta a sair do Rio de Janeiro com um sorriso, independentemente se ganhasse ou terminasse fora do pódio. Isso passaria por ter o melhor resultado possível e deixar a última gota de suor na água, algo que não ocorreu quatro anos antes.

Outro aspecto foi essencial para a sua tranquilidade. Copacabana sempre foi local de boas lembranças. Foi lá sua estreia vitoriosa nas águas abertas na Travessia dos Fortes de 2005, que deu início à sua trajetória vitoriosa em maratonas aquáticas. Conquistou lá a medalha de prata nos Jogos Pan-Americanos de 2007. Também na famosa praia carioca teve vitória marcante no Desafio Rei e Rainha do Mar de 2013, que antecedeu sua vitória no Prêmio Brasil Olímpico.

Poliana Okimoto | 173

Poliana Okimoto estava leve
e com ótimo astral às
vésperas da prova de 10 km
nos Jogos Olímpicos de 2016.

Além de tudo, teria o apoio de diversos amigos e dos familiares. Por disputar a maioria de suas provas de águas abertas em competições internacionais, dificilmente tem a oportunidade de contar com a torcida das pessoas mais próximas. Seus pais, Yoshio e Cleonice, e seus irmãos, André e Alisson, eram presenças garantidas em Copacabana.

Dizem que energia positiva traz coisas positivas, e a dela deveria estar muito em alta na manhã do dia 15 de agosto. O mar de Copacabana é conhecido por ser imprevisível. Em um dia pode estar calmo, no outro, muito revolto. O Evento Teste Olímpico, disputado na mesma época do ano em 2015 sem sua presença, foi realizado em um desses dias de mar agitado e baixa temperatura da água.

Pois, mesmo preparada para qualquer tipo de situação, Poliana encontrou águas calmas, com temperatura agradável de 22°C, nas condições que sempre favoreceram suas características. Lembrou-se de que todas as medalhas que conquistara em grandes campeonatos, incluindo Mundiais e Jogos Pan-Americanos, foram em água salgada.

Não haveria o frio de 2012, nem a inexperiência de 2008, nem o problema de saúde do Mundial de 2013, nem a falta de confiança do Mundial de 2015.

Tudo estava pronto para a melhor prova de sua vida.

A prova olímpica

A largada da prova feminina de 10 km em águas abertas dos Jogos Olímpicos de 2016 estava programada para as 9h. Poliana chegou à praia de Copacabana bem antes. Exatamente às 7h15, após uma curta caminhada entre o hotel em que estava hospedada e a orla.[42] Veio junto de sua compatriota Ana Marcela Cunha. Ambas, apesar do horário, totalmente despertas e concentradas.

À medida que os minutos passavam, as outras concorrentes chegavam e iniciavam, cada uma, seu próprio ritual de concentração. Ao lado de Poliana e Ana Marcela, que nadariam em um terreno conhecido com o apoio da torcida e tinham currículos invejáveis, outras três nadadoras eram consideradas as mais sérias pretendentes ao pódio olímpico.

Emblema dos
Jogos Olímpicos de 2016
na praia de Copacabana.

Entre as mulheres, estão as heroínas caseiras Ana Marcela Cunha e Poliana Okimoto, que terminaram entre as seis primeiras no Mundial de Kazan (em 2015). Outras concorrentes incluem a italiana Rachele Bruni – com resultados consistentes na Copa do Mundo – e a atual campeã mundial Aurélie Muller, da França. A holandesa Sharon van Rouwendaal chegou bem perto de Muller na ocasião, e planeja estar no pódio este ano também.[43]

O texto em tradução livre da prévia olímpica da revista americana *Swimming World*, a mais tradicional publicação de esportes aquáticos do mundo, também cita a húngara Eva Risztov, então detentora do título olímpico, a americana Haley Anderson, medalha de prata na Olimpíada de 2012, e a britânica Keri-Anne Payne, bicampeã mundial dos 10 km e vice-campeã olímpica em 2008. Mas, pelos resultados mais recentes, as cinco maiores favoritas eram aquelas citadas inicialmente.

A lista de atletas inscritas para a prova tinha 26 nomes, ao invés das originalmente 25 nadadoras classificadas para a prova olímpica feminina de 10 km pelo Mundial de Kazan e pela repescagem em Setúbal. Explica-se: a Rússia envolveu-se em um grande escândalo de doping, e o COI resolveu afastar vários atletas do país, incluindo toda a delegação de atletismo, em uma decisão polêmica. Entre os atletas banidos da competição estava Anastasia Krapivina, que nadaria a prova de 10 km. Com seu corte, a Fina convocou a húngara Anna Olasz, que havia terminado o Mundial de Kazan na 11ª posição. A Rússia apelou junto à Corte Arbitral do Esporte (CAS) e conseguiu reverter a decisão, permitindo que Krapivina disputasse a prova.

Poliana foi a quarta atleta das 26 inscritas na ordem de apresentação para o público, pois 4 era o número que lhe foi designado, por sorteio, para identificação. Recebeu grande ovação do público presente, assim como Ana Marcela Cunha. A prova seria composta de um circuito de 2,5 km, a ser percorrido quatro vezes.

Após a apresentação, as atletas nadaram um trecho de pouco mais de 100 m da praia até a balsa de partida, de onde foi dada a largada. Os relógios marcavam 9h03.[44]

*

Poliana fez sua largada decidida a tomar a iniciativa. Desde o início manteve-se no pelotão de frente, como em suas grandes provas. Ao final da primeira volta, o público em Copacabana delirou quando o telão indicou as primeiras parciais das nadadoras: Ana Marcela Cunha em primeiro lugar, seguida por Poliana Okimoto, empatada com a holandesa Sharon van Rouwendaal.

Na realidade, o sistema de cronometragem não registrou a parcial de várias atletas, o que fez com que aquela classificação se mostrasse incompleta. Ana Marcela liderava, seguida pela húngara Eva Risztov. Poliana seguia no pelotão de frente, na quarta colocação, emparelhada com outras nadadoras.

Logo, Risztov assumiu a liderança. A húngara era a defensora do título olímpico, conquistado em 2012. Mas todos sabiam que teria muita dificuldade para se sustentar nas primeiras posições até o final. Seu ouro em Londres foi um momento de brilho fugaz na modalidade. Após aquilo, em todas as grandes competições assumia a liderança no início da prova, esperançosa em repetir o desempenho que lhe deu a vitória olímpica. E nunca conseguia se sustentar nas primeiras colocações. Jamais subiu ao pódio em Mundiais. O máximo que conseguiu foi uma medalha de prata no Campeonato Europeu de 2014. Em 2012, também não estava entre as favoritas, mas vinha em fase ascendente. Em 2016, pelo contrário, não mostrava o mesmo vigor. Por isso, sabia-se que aquela liderança seria momentânea.

Ao final da segunda volta, a francesa Aurélie Muller e a holandesa Sharon van Rouwendaal lideravam. Ambas haviam terminado com ouro e prata no Mundial de Kazan, um ano antes, e, ao contrário de Risztov, eram consideradas duas das favoritas à vitória no Rio de Janeiro. Eram companheiras de treino na França, sob a orientação do técnico Philippe Lucas, famoso por ter treinado duas estrelas das piscinas, as campeãs olímpicas Laure Manaudou e Federica Pellegrini. Rouwendaal vinha de uma carreira de piscina e, após 2012, passou a se concentrar em provas de águas abertas, mostrando versatilidade impressionante: no Mundial de Kazan foi prata nos 10 km e também nos 400 m livre em piscina. Já Muller tinha uma carreira mais longeva nas águas abertas: disputara os 10 km nos Jogos Olímpicos de 2008 e conquistara a medalha de prata nos 5 km no Mundial de 2011.

Àquela altura, Poliana posicionava-se em torno da décima colocação, em um momento em que muitas atletas ainda encontram-se juntas, analisando a estratégia de prova das concorrentes e eventualmente replanejando as suas próprias.

Como em geral acontece, ao final da terceira volta pôde-se ter uma melhor ideia das nadadoras que efetivamente brigariam por medalhas. Rouwendaal tinha uma folga na liderança, seguida pela italiana Rachele Bruni e Poliana. Bruni, múltipla vencedora de Campeonatos Europeus em provas de águas abertas, era uma das forças da modalidade: havia vencido a Copa do Mundo

Poliana concentra-se antes da prova.

em 2015 e venceria novamente em 2016. Ana Marcela vinha na sétima posição e Muller, na oitava.

Na última volta, Poliana decidiu não se alimentar no ponto da prova designado para tal. Em provas de águas abertas, os nadadores passam próximo de uma plataforma na qual seus técnicos seguram garrafas com componentes energéticos líquidos ou pastosos na ponta de um bastão. Nesse momento, os atletas nadam rapidamente na posição de costas para segurar suas respectivas garrafas e ingerir seus alimentos. E Poliana avaliou que, com a natural queda de ritmo para repor as energias, poderia perder terreno para as adversárias próximas e não conseguir recuperar posições.

Faltando pouco mais de um quilômetro para o final, a holandesa mantinha uma liderança considerável, o que, àquela altura, a colocava com uma mão na medalha de ouro. Era seguida pela chinesa Xin Xin, que disputara os Jogos Olímpicos de 2012 aos 15 anos e era considerada a esperança do país em provas de longa distância, na época comparada até ao grande Sun Yang, três vezes medalhista de ouro olímpico. Nos anos seguintes, passou a se dedicar a provas de águas abertas e classificou-se para os Jogos do Rio ao vencer a classificatória de repescagem, em Setúbal. Logo após, seguiam-se, em fila, Bruni, Poliana e Muller.

Ana Marcela, tida como uma das favoritas, havia ficado para trás. Havia programado três alimentações. Só executou a primeira. Na segunda, uma nadadora esbarrou em sua garrafa, que se perdeu no mar. Resolveu não executar a terceira, para não perder ritmo e não se desgarrar do pelotão dianteiro. Com isso, faltou-lhe energia na parte final da prova.

Logo a chinesa cansou, e a briga por duas medalhas ficaria entre Bruni, Muller e Poliana. Rouwendaal era líder com boa vantagem. Faltando 200 m, Poliana segurava a terceira posição, atrás da italiana. Mas Muller, que vinha atrás desde o final da terceira volta, manteve o forte ritmo e ultrapassou a brasileira, proporcionando a Bruni uma ferrenha batalha pela medalha de prata.

Rouwendaal finalizou sua prova batendo no pórtico de chegada com o tempo de 1h56min32s1. O tempo final em águas abertas não é importante, pois cada prova é nadada em condições diferentes – tanto que não existem recordes na modalidade. Mas, para fins de curiosidade, foi a marca mais rápida no feminino registrada desde que a maratona aquática estreou em Jogos Olímpicos – em 2008, a russa Larisa Ilchenko levou o ouro com 1h59min27s7 e, em 2012, Eva Risztov venceu com 1h57min38s2. Para a Holanda, a vitória foi um alívio: potência na natação olímpica – é o sexto colocado no número de medalhas de ouro na história da competição –, o país saiu sem subir ao pódio nas provas de piscina no Rio de Janeiro. A redenção viria nas águas abertas: além de Rouwendaal, seu compatriota Ferry Weertman, no dia seguinte, venceria a prova masculina.

Enquanto a holandesa terminava seu percurso, parecia improvável que Poliana conseguisse ultrapassar ao menos uma de suas adversárias para conseguir uma medalha. E, de fato, ficou impossível quando Muller e Bruni tocaram na placa praticamente empatadas em 1h56min49s5. A brasileira chegava dois segundos atrás, em 1h56smin51s4. Na posição mais ingrata do esporte olímpico.

Só que não.

Consagração

Poliana saiu da água após o término da maratona aquática olímpica na praia de Copacabana tendo a certeza que fizera a melhor prova de sua vida. Tinha dificuldade para ficar de pé, tamanho o cansaço. Havia deixado a última gota de suor na água, conforme planejara. Ter a possibilidade de alcançar o melhor resultado possível, sem ser afetada por fatores externos como nas duas Olimpíadas anteriores, era tudo o que ela queria.

Mas como ficar contente com uma quarta posição após nadar uma distância de 10 km, após estar na briga por medalhas durante toda a prova e terminar muito perto da terceira colocada?

Pois era assim que Poliana se sentia. Apesar de ter visto a medalha escapar por pouco, dizia-se satisfeita com o quarto lugar, pois havia feito uma grande prova. Três adversárias foram mais rápidas que ela, e isso não se pode controlar. E, afinal, era o melhor resultado olímpico de uma mulher nos esportes aquáticos na história do país.

Dizem que a prova só acaba quando termina. Pois, contrariando o dito popular, naquele dia a disputa ainda se prolongaria por alguns minutos após a chegada.

*

Por ainda estar na água, Poliana não viu a disputa na chegada entre Rachele Bruni e Aurélie Muller. A batalha foi intensa e, nos metros finais, Muller se posicionava ao lado esquerdo da italiana, que rumava em linha reta para o pórtico de chegada. A francesa, por sua vez, naquela posição, teria o alcance na placa de chegada prejudicado. Com isso, para ter possibilidade de tocar adequadamente a placa, empurrou Bruni e a atropelou na última braçada, tocando na segunda posição. A insatisfação da italiana com sua rival, com quem trocou um olhar fulminante ainda na água, era visível.

Não foram poucos os que desconfiaram de que a atitude de Muller poderia ser interpretada como irregular. Ricardo Cintra imediatamente comentou que a francesa poderia ser desclassificada. Claudio Uchoa, narrador do SporTV, também percebeu de imediato uma possível violação de regra. Uma coisa era certa: para o bem ou para o mal, os juízes teriam que avaliar e tomar uma decisão a respeito, fosse uma punição ou a absolvição da francesa.

O fato é que Muller não evitou o contato físico com Bruni. Sua posição em relação à italiana e seu peso fizeram com que a concorrente afundasse na água. Como a italiana foi impedida de realizar a chegada, a manobra da francesa era passível de desclassificação. Os árbitros poderiam interpretar que a atitude da francesa não havia sido intencional, o que poderia fazer com que o movimento fosse qualificado como uma infração, rendendo a ela uma advertência, mas não a desclassificação. Porém, Muller já havia recebido uma advertência durante a prova, por não evitar contato agressivo com suas adversárias[45] – duas advertências em uma mesma prova resultam em desclassificação. E foi assim que sua manobra foi julgada pelo árbitro geral, o neozelandês John West: infração por impedir o movimento de outra nadadora. E, assim, minutos após o término da prova, Muller foi desclassificada.

A delegação francesa recorreu da decisão e formalizou um protesto, que foi imediatamente negado pela organização da prova. Mesmo após o resultado ter sido anunciado, ocorreu uma reunião do Comitê Técnico da Fina que durou 8 horas. Mas todos sabiam que a desclassificação dificilmente seria revertida, pois o árbitro geral tomou sua decisão imediatamente na hora do ocorrido e baseado na regra. O Comitê Olímpico da França solicitou novamente a revisão do resultado junto à CAS. No entanto, a entidade rejeitou o recurso, com o argumento de que tal decisão técnica não poderia ser revisada pelas regras da Corte, a não ser que houvesse má-fé ou excesso de arbitrariedade, o que não foi o caso.[46]

*

No Mundial de Esportes Aquáticos de 1978, Rômulo Arantes, conhecido também por ter sido ator bem-sucedido de novelas, conquistou a medalha de bronze nos 100 m costas. No entanto, só soube disso um dia depois da prova, pois um adversário que chegara à sua frente fora desclassificado por testar positivo no exame antidoping. Foi a primeira medalha do Brasil na história da competição.

Em 1992, nos Jogos Olímpicos de Barcelona, um problema no sensor de cronometragem nos 100 m livre fez com que Gustavo Borges tivesse que esperar longos 20 minutos até que sua medalha de prata fosse confirmada, após análise da prova por vídeo.

Como se vê, a natação brasileira tem um pequeno histórico de grandes conquistas nas quais os atletas não puderam comemorar dentro d'água, como de praxe, tendo que passar por um turbilhão de emoções até que a glória fosse confirmada. E agora Poliana Okimoto também faz parte dessa galeria.

Momento de glória: o pódio olímpico.

Ela dava entrevistas na zona mista, enaltecendo seu desempenho e enfatizando estar feliz e satisfeita, quando foi informada da desclassificação de Aurélie Muller e de que era a medalhista de bronze na prova de 10 km dos Jogos Olímpicos do Rio de Janeiro.

Avisada de sua conquista ao vivo em rede nacional, fez com que o Brasil tivesse a oportunidade de presenciar a emoção genuína e suas primeiras palavras após a conquista da medalha de bronze. São poucos os que se tornam medalhistas olímpicos em meio a uma entrevista na televisão. E seu incontrolável choro emocionou o país. Lembrou-se da decepção de quatro anos antes, em Londres, e disse que sonhava todo dia em conseguir aquela medalha. "E, quando a gente consegue, não acredita!", declarou, entre lágrimas e risos. Lágrimas diferentes das choradas em Londres e também daquelas de Barcelona em 2013 e Kazan em 2015. Todas tiveram seu preço, mas também seu aprendizado, e levaram àquela conquista.

Poliana não teria feito nada diferente.

*

Entre abraços emocionados com Ricardo Cintra, seus pais, seus irmãos e amigos, Poliana teve que se aprontar rapidamente para a cerimônia de premiação. Foi conduzida ao pódio olímpico ainda com os olhos marejados. Sharon van Rouwendaal e Rachele Bruni pareciam serenas e mais acostumadas com o fato de terem se tornado medalhistas olímpicas, afinal não haviam passado pela montanha-russa emocional da brasileira. E, se a ficha ainda estava caindo em sua caminhada rumo à glória, foi só quando adentrou o recinto reservado para a premiação que se deu conta do tamanho do público que presenciou sua conquista. Pensou que ganhar uma medalha olímpica deveria ser bom, mas subir ao pódio com a vibração daquela torcida é algo para pouquíssimos. Naquele momento, tudo parecia fazer sentido. As frustrações de Pequim, em 2008, e de Londres, em 2012, fizeram com que aquilo tivesse sabor ainda mais especial. E tudo pareceu se encaixar para que a maior glória viesse daquela maneira, na mesma praia de Copacabana em que, com a Travessia dos Fortes de 2005, toda aquela história começou, com torcida a favor e ao lado de amigos e familiares.

Quando recebeu a medalha das mãos da zimbabuana Kirsty Coventry, bicampeã olímpica em 2004 e 2008 nos 200 m costas e membro do COI, finalmente podia respirar aliviada. Pela primeira vez desde que despontou na maratona aquática, no Mundial de Nápoles em 2006, podia aproveitar uma conquista sem precisar pensar no que haveria pela frente. Ela havia conseguido o que sempre sonhara.

A conquista ainda ganha contornos mais significativos quando lembramos que, na Olimpíada do Brasil, foi a única medalha da natação. Nadadores como Thiago Pereira, Bruno Fratus, João Gomes Junior e Felipe França chegaram ao Rio bem cotados nas provas de piscina, mas terminaram fora do pódio. E, graças a Poliana, a comunidade aquática do país pôde vibrar com uma medalha em sua Olimpíada.

*

"Depois que o Rio foi escolhido sede, eu me animei ainda mais. Já pensou subir ao pódio dentro do meu país?"[47]
A frase foi proferida por Poliana em outubro de 2009, logo após a escolha do Rio de Janeiro como sede dos Jogos Olímpicos de 2016. Ela expressava o desejo de todos os atletas em atividade na época. Mas é difícil prever o que pode acontecer em sete anos. Vide o exemplo de Cesar Cielo, que terminou 2009 consagrado como campeão e recordista mundial dos 50 m e 100 m livre e não conseguiu classificação para a Olimpíada do Rio.

O rumo dos acontecimentos de certa forma surpreendeu a ela própria, que, após a medalha olímpica, declarou que não imaginava que pudesse chegar a 2016 nadando ainda melhor que em 2012.

Nos dias seguintes, Poliana conseguiu curtir sua terceira edição de Jogos Olímpicos como jamais fizera. Assistiu a jogos, pulou e dançou na cerimônia de encerramento. E, sendo agora uma celebridade esportiva na Olimpíada caseira, foi requisitada como nunca. Participou do *Jornal nacional*, ao lado de Galvão Bueno, e do *Encontro com Fátima Bernardes*. Na volta para São Paulo, desfilou em carro aberto em Santos rumo à sede da Unisanta.

*

O ano de 2016 ainda veria Poliana disputar as duas etapas finais da Copa do Mundo, a qual terminou na segunda posição na classificação geral, atrás da italiana Rachele Bruni, medalhista de prata no Rio de Janeiro. Chegou ao final do ano como a maior vitoriosa da história do circuito desde sua implementação em 2007, com 16 etapas vencidas, empatada com Ana Marcela Cunha. Antes de o ano acabar, disputou o Desafio Rei e Rainha do Mar, formando a dupla brasileira ao lado de Allan do Carmo, terminando na segunda posição, derrotando nomes consagrados, como a americana Haley Anderson, vice-campeã olímpica em 2012, e o holandês Ferry Weertman, campeão olímpico na prova masculina na Olimpíada do Rio. No início de 2017, foi escolhida a melhor atleta de maratonas aquáticas do ano anterior no Prêmio Brasil Olímpico e, pela terceira vez, após 2009 e 2013, foi um dos nomes indicados ao prêmio máximo, o de melhor atleta do ano, concorrendo com as campeãs olímpicas Rafaela Silva, do judô, e a dupla Martine Grael e Kahena Kunze, da vela.

Com os olhos lacrimejantes, após receber a sonhada medalha.

Mas o ano ainda não havia acabado. De fato, para Poliana, jamais vai acabar. Desde o dia 15 de agosto, 2016 virou eterno. É difícil imaginar um enredo tão elaborado, com tantos altos e baixos, alegrias e frustrações, e que culmine de modo tão perfeito. A nadadora foi um fenômeno infantil, perdeu o encanto pelo esporte, reencontrou-se em uma transição pouco usual, teve conquistas inéditas para o esporte no Brasil e passou por frustrações em duas Olimpíadas para subir ao pódio na terceira, em seu país. E Poliana Okimoto, nascida no Dia Internacional da Mulher, já pioneira na natação feminina em diversos aspectos, também foi a primeira mulher brasileira a alcançar o pódio olímpico nos esportes aquáticos. "Quem sabe um dia isso vire um filme?", pensou certa vez Ricardo Cintra.

Ou um livro.

Pílulas para o sucesso

Naquele dia 15 de agosto, as redes sociais quebraram. Ao menos para aqueles do círculo da natação competitiva.

Em termos de idade, já foi citado que Poliana é uma exceção entre aqueles brasileiros que alcançaram o pódio olímpico. Todos que obtiveram medalhas individuais estrearam no pódio olímpico com idades entre 19 e 22 anos – a única exceção era Thiago Pereira, 26 anos em 2012. Aos 33, ela teve que percorrer uma longa estrada para alcançar seu sonho.

E muita gente cruzou seu caminho ao longo dos anos. Só para se ter uma ideia, foram quase 60 nadadoras que subiram ao pódio com Poliana em Troféus Brasil/Maria Lenk e José Finkel, os campeonatos brasileiros adultos, desde 1996, entre provas individuais e revezamentos. Se considerarmos campeonatos de categoria, provas em águas abertas e outras disputas, esse número se multiplica.

Ou seja, antes de Poliana conquistar a medalha olímpica, competiu com várias gerações de nadadores. Isso sem contar aqueles contra os quais não competiu, mas que a conheceram nos torneios ou nos treinamentos. São centenas, ou até milhares, de nadadores que fizeram parte de sua trajetória.

Por isso, cada um deles sentiu um orgulho tremendo por aquela medalha olímpica. Muitos fizeram questão de compartilhar no Facebook, Twitter, Instagram, Snapchat e outras redes sociais a parte que lhes cabia naquela trajetória. Sentiam-se, ao menos um pouco, participantes da conquista.

E Poliana tem a perfeita noção de que a energia positiva que emanou de toda essa legião, parte dela presente na praia de Copacabana, fez a diferença naquela prova no Rio de Janeiro. A mais vitoriosa nadadora brasileira também é uma das mais queridas.

*

Os anos de estrada renderam-lhe muitos amigos. E também lhe deram experiência e sabedoria, devidamente usadas no percurso de 10 km nos Jogos Olímpicos de 2016.

A rodagem acumulada ao longo da carreira a levou a uma decisão acertada. Na última volta, decidiu não se alimentar. Julgou que o tempo que poderia perder para suas rivais para ingerir seu líquido energético não compensaria a energia adicional que conseguiria na nutrição. Para ter essa noção, só conhecendo muito bem a si mesmo. Uma mostra de que a idade e obviamente a experiência obtida ao longo dos anos acabaram sendo alguns de seus trunfos.

Foi uma Olimpíada em que veteranos se consagraram: as piscinas do Rio viram os dois nadadores mais velhos a conquistar medalhas de ouro individuais, os americanos Anthony Ervin, de 35 anos, e Michael Phelps, de 31. E também o mais velho a conquistar uma medalha individual, o grego Spyridon Gianniotis, prata nos 10 km aos 36. A própria Poliana, aos 33, tornou-se, no feminino, a segunda nadadora mais velha a conquistar uma medalha na história olímpica. Fica atrás apenas da americana Dara Torres, que subiu ao pódio aos 41 em 2008. "A Poliana entrou nesse grupo de atletas totalmente fora da curva, como Ervin e Phelps", diz Cesar Cielo. "Isso porque ela, assim como eles, não acreditou que a idade era um empecilho."

Um dos maiores aprendizados no período pré-olímpico foi usar a desconfiança como motivação. Uma demonstração de que a experiência obtida ao longo dos anos a fortaleceu para lidar com situações adversas mesmo fora da piscina. Na Olimpíada do Rio de Janeiro, vivia o momento em que a sabedoria se equiparara à excelência técnica.

Esse, talvez, seja um dos segredos de seu sucesso.

*

Outro segredo, sem dúvida, e nem tão secreto, é a parceria de sucesso com Ricardo Cintra, o marido treinador.

Ele foi um dos primeiros, ao final da disputa olímpica, a apontar uma possível irregularidade da nadadora francesa Aurélie Muller, que originalmente terminara na segunda posição, na disputa contra a italiana Rachele Bruni na chegada da prova. "Ele notou imediatamente o enrosco das duas nadadoras e disse que poderia haver uma desclassificação", relembra o pai de Poliana, Yoshio. "E, quando houve o anúncio de que a francesa havia sido desclassificada e a medalha de bronze iria para a Poliana, ele se ajoelhou e começou a chorar. Foi muito emocionante."

Poliana Okimoto, Ricardo Cintra e a medalha olímpica de bronze.

Tamanho envolvimento naquele momento é justificado. Desde que assumiu o comando técnico de Poliana, em 2004, a relação é de entrega absoluta.

Para quem acha que discussões ríspidas são frequentes na vida do casal, por misturarem relações pessoal e profissional em um nível pouco usual, Ricardo diz que acha até estranho o tanto que se dão bem. "É realmente estranho. Até transcendental. Tinha tudo para nós brigarmos muito, para a relação se desgastar, afinal ficamos juntos 24 horas por dia. Mas não. Nos damos muito bem. Existem as discussões, mas nada que não consigamos resolver no mesmo dia. Nunca fomos para a cama com algo mal resolvido. Nunca."

Para ele, o casal acostumou-se muito bem com tal tipo de relação ao longo dos anos, mas ele teve que se adaptar à dupla personalidade da esposa, no bom sentido. "Em casa, ela é um doce. No treino, é quase como se fosse outra pessoa. Perfeccionista ao extremo, pode estar na melhor sequência de treinamentos do mundo. Mas se em um dia não treina muito bem, aí sai de baixo. Ela acha que está tudo errado e é difícil aguentar o mau humor. Para falar a verdade, acho que vou para o céu!", diz Ricardo aos risos. Ao que recebe a resposta de Poliana: "Eu que vou para o céu!"

O bom humor também é uma das chaves para uma relação tão duradoura e bem-sucedida.

*

Hoje, mais de uma década depois de assumir os treinamentos de Poliana, Ricardo admite que precisa sempre se reinventar. Para que mantenha sempre a motivação de sua atleta, precisa variar os métodos e os treinamentos, principalmente quando leva em consideração que ambos convivem juntos por todas as horas do dia – são tão unidos que até pouco tempo atrás dividiam o mesmo aparelho de telefone celular, por não verem a necessidade de cada um ter o seu.

Por outro lado, um conhece o outro na palma da mão. Ricardo sabe quando Poliana está com algum problema, e que por isso precisa maneirar nos treinamentos para não desgastá-la demais e não ter prejuízos futuros. Essa sintonia é observada em poucas parcerias e é essencial para o sucesso. "As personalidades e os pensamentos deles se complementam de uma forma que nunca vi igual", diz Cesar Cielo. "Para mim eles são um exemplo de como conciliar a vida pessoal com a profissional." Luiz Lima, grande amigo do casal, concorda. "A sintonia entre os dois é impressionante. E ambos têm grande mérito nisso. Quando começaram a trabalhar juntos, a Poliana já tinha uma carreira de vários anos. Ela sabe comunicar a ele suas necessidades. E ele a ouve muito. Essa percepção que o Ricardo desenvolveu na relação fez com que ele evoluísse muito como treinador."

Luiz tem talvez a melhor definição dessa conexão: "Ela é como se fosse um carro de Fórmula 1, do qual Ricardo tem acesso ao sistema de telemetria. E ele sabe tirar de lá informações e interpretá-las como ninguém."

A dedicação dela à natação é similar à dele ao trabalho. Está ao seu lado rigorosamente em todos os treinamentos, faça chuva ou sol. Por vezes ela sente até dó de vê-lo em pé, indo e vindo ao longo da piscina, acompanhando-a diariamente em sessões de três horas de treinamento. Mas Ricardo doa-se 100%. "Quando o vi pela primeira vez como treinador da Poliana em competição, até tomei um susto", lembra Gustavo Borges. "Nadei com ele no Pinheiros e sabia que ele era um pouco emotivo, mas não daquele jeito. Seu envolvimento é impressionante."

Poliana Okimoto e Ricardo Cintra pelo mundo: Abu Dhabi, Veneza, Atenas e Melbourne (a partir do canto superior esquerdo, em sentido horário).

É justificável. Afinal, é como se torcesse em dobro, pela atleta e pela esposa. Ao longo dos anos, os frutos colhidos foram muitos. Um de grande destaque foi ter recebido o prêmio de melhor técnico brasileiro do ano de 2009 pelo COB no Prêmio Brasil Olímpico, ao lado de outros três profissionais. Isso sem falar nos inúmeros lugares e países que conheceu. "Se não fosse a carreira de treinador da Poliana, talvez eu jamais tivesse viajado para fora do Brasil até hoje", diz.

Curiosamente, antes de assumir os treinos da esposa, jamais havia pensado em trabalhar com natação de alto rendimento. E não garante que continuará no ramo após Poliana encerrar a carreira. Tudo que fez como profissional foi para que a nadadora continuasse evoluindo. A parceria, que teve início meio por acaso em 2004, manteve-se firme pela dedicação de Ricardo para, mais do que buscar glórias pessoais, ajudá-la a realizar seus sonhos.

Quer prova de amor maior do que essa?

*

Quando Poliana subiu ao pódio da prova de 10 km nos Jogos Olímpicos do Rio de Janeiro, não podia evitar de lembrar o quanto sonhou com aquele momento. E os ídolos brasileiros, que ela aprendeu a admirar, que haviam estado naquele mesmo lugar. Entre eles, Tetsuo Okamoto, Manoel dos Santos, Ricardo Prado, Gustavo Borges, Fernando Scherer, Thiago Pereira e Cesar Cielo – todos os medalhistas olímpicos individuais do país antes dela.

Recordou de quando integrou a seleção brasileira pela primeira vez junto com Gustavo e Fernando, em 1998. Via os ídolos, que estavam no auge de suas carreiras e vinham de campanha histórica na Olimpíada de 1996, como extraterrestres. Tinha até medo de se aproximar. "Pela diferença de idade, era difícil existir uma afinidade", recorda Gustavo. "Em 1998, por exemplo, ela tinha 15 e eu, 25 anos." Mas, mesmo assim, teve grandes aprendizados naquela competição. Observando seus ídolos, que também incluíam nadadores como Rogerio Romero, Fabiola Molina e Luiz Lima, percebeu a diferença daqueles profissionais, que seguiam rotinas regradas e passavam boa parte do tempo descansando e concentrados em suas provas. Tudo que falavam a ela sobre dedicação e comprometimento para ser um atleta de sucesso ela pôde conferir na prática naquela experiência. Aprimorou-se e evoluiu em muitos aspectos após aquela competição, que considera um grande aprendizado, apesar de já ser uma atleta disciplinada. Fato inclusive notado pelo próprio Gustavo. "Nas

Ricardo Cintra,
Poliana Okimoto
e Gustavo Borges.

competições ela sempre foi bem reservada, bem na dela. Sempre notei uma característica muito forte de concentração e disciplina", lembra ele, com quem Poliana também dividiria a seleção no Mundial de Piscina Curta de 2002, em Moscou, na Rússia.

Poliana também se lembrou de quando vibrou com a medalha de ouro de Cesar Cielo nos 50 m livre nos Jogos Olímpicos de Pequim, em 2008, e como aquela conquista serviu de motivação. Por ser um nadador da mesma geração, com quem inclusive dividia alguns treinos no Pinheiros, a conquista mudou a sua mentalidade e a de vários nadadores brasileiros sobre ser possível tornar-se o melhor do mundo – mais detalhes no capítulo "Lições de Pequim".

Pensou em Ricardo Prado, medalha de prata nos 400 m *medley* em 1984, em Los Angeles, e que na Olimpíada do Rio de Janeiro trabalhava na gerência dos esportes aquáticos, sendo responsável pela organização, controle, logística e todos os aspectos operacionais das modalidades aquáticas nos Jogos Olímpicos. O próprio Cesar Cielo cita Ricardo ao falar de Poliana. "A trajetória dela me lembra a de Ricardo Prado, que, assim como ela, foi campeão mundial e medalhista olímpico. Ele, de certo modo, abriu caminho para muita gente, por ter brilhado em uma Olimpíada depois de muitos anos sem medalhas individuais para o Brasil. Assim, ele foi uma enorme influência para aqueles que o acompanharam, e continua sendo até hoje. E tenho certeza de que as conquistas da Poliana, que também abriu muitos caminhos para a natação feminina, da mesma forma influenciarão muitas gerações."

A conquista olímpica de Ricardo em 1984 teve ares de fim de tabu, já que a última medalha individual da natação brasileira em Olimpíadas havia vindo em 1960, com Manoel dos Santos nos 100 m livre – em 1980, o Brasil conquistou uma medalha de bronze no revezamento 4x200 m livre com Jorge Fernandes, Cyro Delgado, Marcus Mattioli e Djan Madruga. Outro bronze em revezamento foi conseguido em 2000, no 4x100 m livre, com Gustavo Borges, Fernando Scherer, Edvaldo Valério e Carlos Jayme. Todos também lembrados por Poliana ao receber sua medalha no Rio de Janeiro. Assim como Thiago Pereira, vice-campeão olímpico nos 400 m *medley* em 2012, deixando de fora do pódio ninguém menos que Michael Phelps, o maior nadador da história.

Mas, sobretudo, um pioneiro da natação foi recordado por ela naquele momento: Tetsuo Okamoto, o primeiro nadador brasileiro a subir em um pódio olímpico, em 1952, na prova mais longa da natação, os 1.500 m livre – na época, disputas em águas abertas não faziam parte do programa olímpico.

A semelhança entre os descendentes de orientais vai além dos sobrenomes parecidos. Tetsuo, pioneiro brasileiro na história da natação, transmitiu seu legado através de gerações e influencia, ainda que indiretamente, os nadadores do presente. Tetsuo e Poliana não compartilham somente o fato de serem pioneiros medalhistas olímpicos, mas também em Jogos Pan-Americanos. Tetsuo foi o primeiro nadador brasileiro medalhista em Jogos Pan-Americanos na natação, na primeira edição do evento, em 1951 – na realidade, foi ao pódio da primeira prova do programa da história da competição, os 1.500 m livre, conquistando o ouro. Poliana, por sua vez, conquistou a primeira medalha da história brasileira na competição em águas abertas, com a prata nos 10 km na edição de 2007 no Rio de Janeiro – também a primeira prova realizada da modalidade na história do evento.

Boa parte da tradição olímpica da natação brasileira foi construída em provas de velocidade. Mas os estreantes de ambos os sexos no pódio olímpico foram dois nadadores de provas longas, cujo sufixo de seus sobrenomes – *moto* – significa, em japonês, "origem". Nada mais adequado a seus feitos pioneiros.

Arigatô!

*

Poliana, por sinal, sempre se encantou com a cultura de seus ancestrais. Esteve no Japão em 2015 a passeio e ficou maravilhada com a mistura da modernidade com a tradição. A passagem pelo país fez redobrar a sua vontade de competir nos Jogos Olímpicos de Tóquio, em 2020. O cenário da prova de águas abertas, afinal, também será o mar, meio em que ela obteve todas as suas grandes conquistas internacionais.

Competir na Olimpíada japonesa pode ser uma bela maneira de fechar um ciclo, ao nadar nas águas do país de seus ascendentes após uma edição de Jogos Olímpicos em seu país natal. E, também, uma volta às raízes familiares. Afinal, em uma possibilidade não muito remota, os ancestrais de Poliana talvez até tenham ajudado na construção de Odaiba, ilha artificial em cuja baía serão realizadas as provas de águas abertas em 2020.

Explica-se: Odaiba foi construída a partir da junção de vários fortes erguidos no final do Período Edo (1603-1868) para proteger a capital japonesa de possíveis ataques vindos do mar.[48]

E o que isso tem a ver com a família de Poliana?

No Japão, os sobrenomes dizem muito sobre as atividades familiares. São tão fortes que, em muitos casos, no passado, determinaram o trabalho e o modo de vida de famílias por gerações.

Se isso aconteceu com os Okimoto antepassados, é difícil dizer. Mas, pelo modo de escrita do sobrenome, é possível ter ideia do que aqueles ancestrais faziam.

O significado japonês de um nome é atribuído pelos ideogramas que o compõem. Os que representam Okimoto são 沖本 e têm como significado "aquele que vem do mar". O primeiro ideograma, que se relaciona ao mar, refere-se especificamente à superfície da água, e não às profundezas do oceano. Indicando que os ancestrais de Poliana se dedicavam a tarefas marítimas.

Portanto, não é de todo impossível que seus tataravós tenham ajudado a construir a ilha de Odaiba. De qualquer forma, tal significado carrega uma simbologia expressiva, reforçado com sua carreira na natação em águas abertas. Curiosamente, Poliana só soube da relação de seu sobrenome com os mares depois de fazer história com suas conquistas nos oceanos ao redor do mundo.

Essa rara combinação é sem dúvida uma motivação especial para nadar e, quem sabe, brilhar na Olimpíada de 2020. Competir em águas japonesas seria como prestar um tributo aos seus antepassados. Afinal, o destino a levou a honrar seu sobrenome de uma maneira que chega a tangenciar a mística: levando-o e consagrando-o ao redor do mundo pelos oceanos. "O olho vê, a memória revê, a imaginação transvê. É preciso transver o mundo" (Manoel de Barros).

Por uma natação melhor

Quando era pequena, Poliana Okimoto costumava assistir a vídeos de Janet Evans, americana que marcou época nadando provas de longa distância nas piscinas. Mais do que aprender técnicas de nado naqueles vídeos, inspirava-se nos feitos e conquistas de Evans. E perguntava a seus pais: "Será que um dia vou conseguir disputar uma Olimpíada? E conseguir uma medalha?"

Cleonice e Yoshio, sempre positivos, afirmavam que, se ela continuasse treinando bem e se dedicando, sem dúvida alcançaria seus sonhos.

Mas, a depender do histórico da natação feminina brasileira, as chances de Poliana eram reduzidas. Por isso, quando desceu do pódio na cerimônia de premiação da prova de 10 km em águas abertas nos Jogos Olímpicos do Rio de Janeiro com a medalha de bronze no pescoço, um filme passou em sua cabeça.

Lembrou-se das dificuldades para chegar até ali. E não somente das inerentes ao esporte, mas também aquelas extras que sempre surgiam pelo simples fato de ser mulher.

Até aquele momento, a natação brasileira havia conquistado 13 medalhas olímpicas. Todas obtidas por homens. Só quem não quer não enxerga uma disparidade enorme entre os sexos em nível de competitividade internacional. Por isso, sua medalha pode representar o início de uma nova era.

*

Desde que Maria Lenk embarcou no navio Itaquecê rumo a Los Angeles para a disputa dos Jogos Olímpicos de 1932, as mulheres brasileiras tentaram uma medalha olímpica. A própria Maria Lenk poderia ter conseguido, não fosse a suspensão da edição de 1940 devido à Segunda Guerra Mundial quando estava no auge da carreira. Piedade Coutinho, Joanna Maranhão e Ana Marcela Cunha, com as quintas posições obtidas em 1936, 2004 e 2008, respectivamente, foram as que chegaram mais perto. Mas tudo conspirou para que a primeira medalha olímpica viesse pelos braços da mesma nadadora que foi a primeira medalhista em Mundial de Águas Abertas e em Mundial de Esportes Aquáticos.

"Virão outras meninas que, influenciadas por ela, conquistarão outras medalhas. No futuro aparecerá alguma que conquistará a medalha de ouro. Mas a pioneira foi mesmo Poliana. Ela será lembrada para sempre", enaltece uma pessoa que entende do assunto: Cesar Cielo. Gustavo Borges concorda. "Para as mulheres, ter uma nadadora como referência tem um impacto muito grande. Poliana certamente vai ser um espelho para as próximas gerações. Claro que uma medalha não representa uma revolução. A evolução do esporte depende de outros tipos de trabalho. Mas sem dúvida a medalha dela é um grande incentivo."

O trabalho foi grande até a conquista da sonhada medalha. Mas a tarefa de usá-la para motivar as novas gerações está apenas começando.

*

"Poucos centésimos afundaram nosso grande sonho! Será sempre assim?"

Tal frase era a que se lia na camiseta de Poliana Okimoto e de várias outras nadadoras que subiram ao pódio para receber as medalhas do revezamento 4x200 m livre no Troféu Brasil de 1996. A camiseta fazia parte de um protesto organizado pela natação feminina brasileira naquela competição contra os fortes índices estipulados pela CBDA para a participação nos Jogos Olímpicos de Atlanta daquele ano.

A reclamação das atletas pertencia a um contexto mais amplo. A equipe olímpica brasileira de natação era formada por dez nadadores, sendo apenas uma mulher. Tal discrepância, reclamavam as nadadoras, dava-se pela falta de apoio da CBDA à natação feminina do país, e por não haver nenhum projeto para o avanço das mulheres no esporte.

Ser nadadora no Brasil nunca foi tarefa fácil. E, ainda assim, nos primórdios da natação brasileira olímpica, eram as mulheres que se destacavam. A já citada Maria Lenk foi a primeira mulher sul-americana a disputar uma Olimpíada, em 1932, e na ocasião viajou em um navio para Los Angeles ao lado dos outros 58 atletas da delegação brasileira, todos homens. Sua contemporânea Piedade Coutinho, com quem disputou a edição seguinte, conseguiu um fantástico 5º lugar nos 400 m livre em 1936, que representa até hoje a melhor colocação de uma brasileira em uma prova olímpica em piscina – depois igualada por Joanna Maranhão, em 2004. Após deixar a natação para ter um filho, voltou a disputar os Jogos de 1948 e 1952. Assim, rompia valores da época que incompatibilizavam os papéis de mãe, esposa e dona de casa com a prática do esporte. Maria Lenk, por sua vez, foi recordista mundial dos 200 m e 400 m peito em 1940 e era favorita na Olimpíada daquele ano. Ou seja, as mulheres foram responsáveis pelos primeiros recordes mundiais e pela primeira final olímpica da natação brasileira. Os resultados de Maria e Piedade na época eram muito mais expressivos que os conseguidos pelos homens brasileiros nas águas até então.

Com o tempo, os papéis inverteram-se, e não demoraria para que a natação do Brasil passasse a ser reconhecida internacionalmente pelas conquistas dos homens. Além das 13 medalhas olímpicas masculinas até 2016, são 57 em Campeonatos Mundiais – contra 14 de mulheres, sendo 11 delas conquistadas por Poliana e Ana Marcela Cunha.

Uma junção de fatores é responsável pela diferença de qualidade entre a natação masculina e a feminina ao longo dos anos. Em 2015, havia cerca de dez mil atletas registrados junto à CBDA no Brasil, sendo apenas 39% mulheres. Para efeito de comparação, dos 340 mil nadadores dos Estados Unidos e

Poliana Okimoto treina
em Copacabana:
sonho de ajudar no crescimento
da modalidade no Brasil.

dos 100 mil da Austrália, dois dos países de maior tradição no esporte, cerca de 55% são mulheres. Da quantidade sai a qualidade. E aí forma-se um ciclo vicioso: com poucas referências, são poucas as mulheres que encontram motivação e inspiração para ingressar na natação. O que se observa é que potenciais nadadoras com aptidão física tendem na infância a escolher esportes nos quais existam ídolos – leia-se medalhistas olímpicas – em quem possam se espelhar, como vôlei, judô e atletismo.

Por isso, o avanço da modalidade entre as mulheres no alto nível sempre dependeu do esforço individual de nomes isolados que, contra tudo e todos, chegaram longe. Piedade Coutinho, Joanna Maranhão, Flavia Delaroli e Gabriella Silva alcançaram finais olímpicas individuais, feitos monstruosos quando analisados à luz da evolução da natação feminina do país. Poliana Okimoto também é um desses talentos que prosperou e que conseguiria encerrar o tabu da falta de medalhas olímpicas das mulheres brasileiras na natação. Espera-se que ela seja o nome que faltava para que as novas gerações tenham em quem se inspirar.

*

Mas, como disse Gustavo Borges, uma medalha não representa uma revolução. De nada adianta uma conquista de tal magnitude se não se souber aproveitá-la e, principalmente, se não houver um planejamento e programas para o desenvolvimento da natação feminina.

Poliana algumas vezes destacou que, no Brasil, é difícil haver projetos voltados especificamente para mulheres. "As mulheres em geral fazem o treino dos homens e tentam se adaptar", diz. "A mulher tem particularidades. Tem grandes variações de hormônios e cada dia está de um jeito. O técnico tem que saber lidar com isso." Ela destaca que, por ter como técnico seu marido, tem vantagem nesse aspecto, pois ele se dedica inteiramente a ela. Mas reconhece que é um caso isolado. "É difícil encontrar uma equipe multidisciplinar, com preparador físico, nutricionista, psicólogo etc., que realmente entenda como funciona o corpo e a mente das mulheres. Normalmente as garotas se adaptam a um programa descoberto e criado para nadadores homens. É difícil ter algo direcionado."[49]

Suas frases praticamente replicam o pensamento de um ícone do esporte brasileiro feminino: José Roberto Guimarães, treinador bicampeão olímpico com o time feminino de vôlei, em 2008 e 2012 (e campeão com o time masculino em 1992). Após 2004, ele mergulhou nos estudos para entender o universo das mulheres, conversando e recrutando médicos, preparadores físicos, fisioterapeutas e ginecologistas. "Eu devo ter sido um monstro nas equipes femininas que treinei antigamente. Eu dizia: 'dor nas costas? TPM? Tem que cair no chão, tem que rolar, tem que pegar a bola'."[50] A mudança de mentalidade levou à formação da equipe mais vencedora da história do esporte feminino do país.

A CBDA introduziu em 2012 um responsável pela seleção brasileira de natação. O cargo é ocupado por Fernando Vanzella, que, junto com Ricardo Cintra, era responsável pelo comando técnico de Poliana quando esta competia pelo Pinheiros entre 2004 e 2006. Não é coincidência que, entre 2012 e 2016, a natação do Brasil tenha conquistado sua primeira medalha de ouro feminina em Jogos Pan-Americanos, em 2015, e as primeiras vitórias em Mundiais de Piscina Curta, em 2014 e 2016, com Etiene Medeiros.

No entanto, o trabalho direcionado para as mulheres deveria começar na base, quando elas estivessem se desenvolvendo. Muitas vezes elas não se adaptam a treinamentos originalmente formulados para homens e abandonam o esporte. Essa é mais uma razão para o baixo número de praticantes na natação feminina no Brasil.

A medalha olímpica de Poliana é uma chance de ouro para motivar as meninas e colocá-las na água em número cada vez maior. Com políticas adequadas, ela torce para que a natação feminina desenvolva-se cada vez mais e em breve alcance o patamar dos homens.

E não está disposta a ficar esperando de braços cruzados. Principalmente em sua seara, a maratona aquática, quer aproveitar suas conquistas para incentivar a melhoria no nível da modalidade no país.

O título por países no Mundial de 2013, em Barcelona, deu a impressão de que o Brasil seria uma potência nas águas abertas. Não é bem assim. Na ocasião, desempenhos primorosos de Poliana e Ana Marcela Cunha alavancaram o Brasil para o topo do quadro de pontos. Mas a própria Poliana reconhece que ter duas atletas de tal nível em uma mesma época foi obra do acaso. "Nossa geração é muito boa, mas infelizmente a gente não vê nenhum projeto para as maratonas aquáticas."[51]

No mesmo ano da consagração da seleção brasileira, em 2013, o site *Best Swimming* revelou o nível precário de disputa do Circuito Brasileiro de Águas Abertas.[52] Tendo por base tal circuito, o futuro da modalidade no país não promete muita coisa. O que acontecerá quando Poliana e Ana Marcela encerrarem suas carreiras?

Assim, Poliana pretende usar seu nome e influência para ajudar a mudar tal situação. Ao encerrar a carreira – que ainda não tem prazo de validade –, pretende elaborar um projeto para revelar novos talentos da modalidade. Logo após a conquista da medalha olímpica, Ricardo Cintra revelou: "A maratona aquática ainda depende muito das provas de fundo [de longas distâncias] de piscina. A gente não tem nenhum projeto específico no Brasil. Eu queria que o COB ou que o governo nos ajudasse a descobrir novos talentos trazendo um programa voltado para a maratona aquática. Nessa parte, eu sei o caminho, ela sabe o caminho e eu gostaria de ajudar a descobrir novas Polianas."[53]

Poliana Okimoto, seus pais, Yoshio e Cleonice, e seus irmãos, André e Alisson.

O sonho do casal é fazer um projeto social para a descoberta de novos talentos. "Por experiência própria, sei o quanto é grande o trabalho para fazer um atleta despontar. Leva anos. Não é uma coisa simples", diz ela. "Não seria treinadora, mas uma espécie de 'olheira'. Quero criar um projeto com meu nome em que o atleta comece sua formação no mar, pois em geral nadadores de águas abertas são ex-nadadores de piscina. Será muito gratificante se eu conseguir ajudar alguém, se nadadores conseguirem desenvolver seu talento no meu projeto." Dessa maneira, ela seguiria os passos de outros grandes ídolos que se aproveitam de suas influências para difusão e evolução do esporte.

Como Gustavo Borges, que possui uma rede de academias e uma metodologia de ensino, e Cesar Cielo, que fundou um instituto com seu nome com o objetivo de incentivar e aprimorar a prática da natação no país, dando oportunidade de desenvolvimento a novos talentos.

De seus três grandes sonhos, estaria realizando o segundo, após ter concretizado o primeiro, de conquistar uma medalha olímpica.

O terceiro – tornar-se mãe – vai ter de esperar um pouco. Ainda não se vê pronta para deixar a carreira de nadadora de lado para cuidar de crianças. "Me dedico inteiramente às coisas que me proponho a fazer. E, quando for mãe, não vai ser diferente. Não me vejo dividindo a carreira esportiva com a maternidade. Quando me aposentar da natação competitiva, aí sim estarei pronta para ser a melhor mãe possível", afirma.

Apesar de se concentrar totalmente em sua carreira, não deixa de pensar em como será quando tiver suas crianças. Até já tem nome, caso tenha uma menina: Manuela. E pretende, assim como sua mãe agiu com ela, colocá-las na natação o mais cedo possível. "Mas só vão seguir carreira se quiserem e se realmente gostarem. Não devem ser forçadas a nada", pondera, também espelhada nas atitudes de seus pais.

Mas ela não reclamará se seus filhos ingressarem em seu projeto para o desenvolvimento de natação em águas abertas. Poliana costuma dizer que a natação lhe deu tudo: conquistas, reconhecimento, oportunidades para a família, possibilidade de educação superior para ela e seus irmãos e até mesmo um marido. Quem sabe não continuará dando mais através das próximas gerações?

EPÍLOGO
Um olhar amador

Por Helio de la Peña

Fui convidado para escrever sobre Poliana Okimoto. O motivo alegado foi que eu pratico o mesmo esporte que essa criatura marinha. Vou logo avisando: é mentira! O fato de gostar de nadar no mar, de participar de travessias, como a dos Fortes, em Copacabana, não me permite dizer isso. Tirando o fato de que entramos no mar, damos braçadas e saímos molhados, não vejo mais nenhuma semelhança entre o que fazemos. Até porque, quando completo minha prova, ela já está no avião de volta para São Paulo. Ela é peixe, e eu, um prego. Vamos lá...

Eu estava na praia de Copacabana naquela manhã de 15 de agosto de 2016. Era uma manhã ensolarada, mas, excepcionalmente, não estava na praia para treinar. Cobria a Olimpíada para o canal SporTV. Minha missão era fazer uma matéria curta sobre a participação brasileira na prova de maratona aquática feminina. Chamei para mim essa responsabilidade pelo fato de a competição acontecer no quintal da minha casa.

Exatamente ali naquele ponto, minha equipe de natação no mar treina cedinho, de janeiro a janeiro, sob o comando do olímpico Luiz Lima. "Emprestar" nossa raia para a Rio 2016 era motivo de orgulho e razão para tirar onda com os amigos. Equivale a ter uma final da Copa do Mundo no campinho da sua pelada!

Entrevistei alguns colegas da minha equipe, falaram da emoção que nos unia. A expectativa era óbvia: aplaudir uma brasileira no pódio. A minha ia além. Queria uma matéria divertida para o *Extra ordinários*, programa do SporTV que ia ao ar todas as noites durante a Olimpíada. Acompanhei a prova roendo as unhas. Poliana disputava as primeiras posições desde o início. Ana Marcela infelizmente não teve a mesma sorte e ficou fora da disputa por medalhas. Poliana sustentou a emoção até o fim. Até que foi batida pela francesa Aurélie Muller e fechou a prova em quarto lugar.

Foi um banho de água fria – o que, naquele calor, não era nada mal. Já para minha matéria... Como abordar uma atleta desapontada com o resultado? Fazer piadinha numa hora dessas é tiro no pé, óbvio. Enquanto pensava numa solução, a reviravolta. Muller foi desclassificada, como você leu capítulos atrás. Poliana conquistou a medalha de bronze. Meus problemas acabaram! Sem falar nos dela...

Pude perguntar sobre a sensação de ter feito história na nossa casa. Lembrei-a do seu medo de encontrar um tubarão, coisa raríssima naquela praia. Houve o caso de um tubarão-baleia aparecer em nosso treino, mas foi meses depois da Olimpíada. O maior perigo em Copacabana são os sacos plásticos e as garrafas PETs que muitas vezes encontramos entre uma e outra braçada. Não viu nada disso. O mar estava caribenho naquele agosto – Deus é brasileiro e adora esportes aquáticos. Poliana transformou aquela segunda-feira num Carnaval fora de época.

Fui para casa pensando no que se passou. A única medalha olímpica da natação feminina na história do país saiu das águas onde treinam os Gladiadores, nome da nossa equipe. Poliana já esteve com a gente algumas vezes. A maratona aquática é um esporte que proporciona oportunidades pouco comuns no esporte, como competir uma prova com um profissional. Aconteceu em duas edições da Travessia dos Fortes, em 2009 e 2010. Tive a chance de nadar com a Poliana Okimoto. Nadar com ela é modo de dizer, nadar atrás dela seria o

Poliana Okimoto | 207

Poliana fala sobre
sua conquista
a Helio de la Peña.

mais correto. Bem atrás. Não importa, o mar era o mesmo, as boias a serem alcançadas também, a diferença é o tempo que levamos para cumprir a missão.

É curioso ver a Poliana na areia, antes de começar a prova. Seu corpo *mignon* nos leva a desacreditar de que ela vai cair na água e se transformar num *jet ski*, enquanto nós, os mortais, nos sentimos um pedalinho com a pá quebrada. Gosto de fazer comparações para que o público não perca de vista as diferenças entre o desempenho de um não atleta e o de um medalhista olímpico. Quando nós, amadores, participamos de um evento esportivo, nos colocamos lado a lado com uma pessoa capaz de realizar algo que não está ao nosso alcance. Vemos que são feitos de carne e osso. Embora não acreditemos muito.

Quando atletas profissionais estão competindo com outros do mesmo nível, mal conseguimos distinguir o estilo de cada um. Mas, quando Poliana foi nadar em um de nossos treinos, era notável a diferença de sua braçada, da batida de perna, da postura correta do seu corpo na superfície da água. Podemos filmar, assistir em casa, tentar reproduzir. Mas não temos como chegar a um resultado razoavelmente aproximado. Até porque as milhares de horas de treinamento tornam naturais, instintivos, seus movimentos. Ao passo que o atleta tardio, que busca o esporte para se livrar do sedentarismo ou de uma barriguinha incômoda, tem que pensar cada ato. Enquanto um neurônio comanda a braçada, outro orienta a pernada, o terceiro encolhe a abdômen e um quarto tenta lembrar como é mesmo que a Poliana nada. Talvez seja possível dar uma, duas, três braçadas perfeitas, mas vai esquecer das pernas ou afundar a barriga. Pode ser que faça tudo certo por 10, 20 metros, mas logo se desconcentra. Um atleta fora de série nada com perfeição durante toda a prova, seja de 100 m, seja de 10 km, não importa. Consegue manter a pressão e nos últimos metros ainda arranja gás para pisar fundo no acelerador. Não dá para comparar. É como um taxista disputar uma corrida com um piloto de Fórmula 1.

Desse encontro, tiramos boas conclusões. A primeira é o quanto precisamos treinar para melhorar, um pouco que seja. E a segunda é que nunca vamos conquistar uma medalha olímpica. O melhor que podemos fazer é sentar na arquibancada e aplaudir.

Saber que Poliana não se adapta bem à água fria é algo que a aproxima dos mortais. Lembro a primeira competição em águas abertas de que participei. Era início de verão e o termômetro marcava 17ºC. Ao dar a partida, corremos para o mar de Copacabana, mas poucos resistiram e seguiram em frente. Um grande número de nadadores não encarou a friaca. Ao deixarem a água gélida, os atletas ainda tiveram que ouvir o comentário irônico de um salva-vidas sacana: "Treinando em piscininha aquecida, hein..."

Outra comparação que gosto de fazer é o volume de treino. As pessoas se impressionam quando aquele colega de trabalho chega ao escritório todo dia depois de treinar. É o atleta da turma. Todos o admiram. Poucos param para pensar na rotina de um atleta profissional. É uma tremenda maratona. Poliana, quando pega leve, treina de segunda a sábado, duas horas e meia pela manhã, faz musculação, almoça, faz alongamento e cai n'água de novo, onde fica por mais duas ou três horas. Ou seja, nada por dia uma distância que percorro em duas semanas, contando o trajeto de casa até a praia. Imagine que, quando você acordou hoje, ela já estava na água. Você parou para jogar conversa fora na copinha do escritório e ela dava braçadas. Você almoçou. Ela também almoçou. Mas, enquanto você decidia se comia pudim ou *mousse* de sobremesa, ela estaria tomando um esporro do maridão se já não estivesse de touca e óculos.

Um aspecto curioso de sua vida é o fato de o marido e o treinador serem a mesma pessoa. Ricardo Cintra está sempre ao seu lado, orientando-a e, eventualmente, quebrando o pau. Sempre por causa da natação. Pude testemunhar como é atencioso com Poliana. E como a conhece. Pela forma com que respira ou pelo descuido na virada, pode perceber que algo não vai bem. Não sei se chega a notar que vai rolar uma D.R. mais tarde. Ter um companheiro exercendo a dupla função tem suas vantagens. A confiança é total. Ricardo oferece dedicação exclusiva, e Poliana tem certeza de que ela é a sua prioridade. Seu único problema é que não pode chegar em casa e reclamar do técnico para o marido.

Poliana é a nadadora brasileira que subiu mais alto no pódio. Desacreditada por ter fracassado em 2012, sacudiu a poeira e deu a volta por cima. Conquistou uma medalha que perseguíamos desde 1932, quando Maria Lenk abriu o caminho, sendo a primeira nadadora brasileira a participar de uma Olimpíada. Ainda bem que a vitória histórica aconteceu na nossa casa. Assim, pudemos dar-lhe o merecido valor. Nunca na história dos Jogos Olímpicos um terceiro lugar foi mais celebrado que o primeiro. A medalha foi de bronze. Mas Poliana é o nosso ouro.

Linha do tempo

1983 Poliana Okimoto nasce em São Paulo.

1985 Começa a ter aulas de natação na academia Guaru Munhoz.

1990 Passa do aprendizado para a equipe de treinamento.

1994 Conquista suas primeiras vitórias em campeonato paulista da categoria Petiz 1.

1996 Conquista suas primeiras medalhas em campeonatos brasileiros adultos: um ouro no revezamento 4x200 m livre no Troféu Brasil e um bronze nos 800 m livre no Troféu José Finkel.

1997 É contratada pelo Corinthians. Conquista suas primeiras vitórias individuais em campeonatos brasileiros adultos, nos 800 m livre no Troféu José Finkel e no Troféu Brasil.

1998 É campeã sul-americana adulta nos 800 m livre.

2000 Acerta com o Vasco da Gama, do Rio de Janeiro; continua, no entanto, treinando em São Paulo, de volta à Guaru Munhoz.

2001 Retorna ao Corinthians.

2002 Disputa seu primeiro e único Campeonato Mundial em piscina, em Moscou, na Rússia.

2003 Acerta com a Unisanta, de Santos. Depois de cinco anos, volta a conquistar um título brasileiro adulto.

2004 Acerta com o Pinheiros, de São Paulo. No entanto, continua morando em Santos e treinando na Unimonte, onde cursa faculdade de Letras.

2005 Disputa e vence a Travessia dos Fortes, no Rio de Janeiro, vitória que representa o início de sua trajetória em águas abertas.

2006 Passa a se dedicar às disputas em águas abertas. Em sua primeira competição internacional, conquista medalhas de prata nos 5 km e 10 km no Campeonato Mundial de Águas Abertas, em Nápoles, na Itália. Disputa a última prova com o tímpano direito perfurado devido a uma cotovelada na largada. Conquista pela primeira vez o Prêmio Brasil Olímpico da modalidade.

2007 Conquista a medalha de prata nos 10 km nos Jogos Pan-Americanos do Rio de Janeiro. Termina o ano na terceira posição da Copa do Mundo de Maratona Aquática. Conquista novamente o Prêmio Brasil Olímpico de Maratona Aquática.

2008 Em sua primeira Olimpíada, termina a prova de 10 km em sétimo lugar em Pequim.

2009 Conquista a medalha de bronze nos 5 km no Campeonato Mundial de Esportes Aquáticos, em Roma, na Itália. É campeã da Copa do Mundo. Vence novamente o Prêmio Brasil Olímpico de Maratona Aquática e é indicada ao prêmio máximo, de atleta do ano, mas perde para a judoca Sarah Menezes em decisão polêmica por voto popular.

2010 Acerta com o Corinthians. No Mundial de Águas Abertas, em Roberval, no Canadá, chega muito perto de ser campeã mundial pela primeira vez. No entanto, é desclassificada a menos de 300 metros da chegada na prova de 10 km.

2011 É vice-campeã pan-americana nos 10 km, em Guadalajara. Vence pela quarta vez o Prêmio Brasil Olímpico de Maratona Aquática.

2012 Nos Jogos Olímpicos de Londres, não completa a prova de 10 km devido a uma crise de hipotermia (queda da temperatura corporal). Frustrada, quase abandona o esporte.

2013 Passa a representar o Minas Tênis Clube, de Belo Horizonte, mas com base de treinamentos em São Paulo, no Clube Esperia. No Mundial de Esportes Aquáticos, em Barcelona, conquista três medalhas, incluindo o ouro nos 10 km. Pelo desempenho, é eleita a melhor nadadora de águas abertas do mundo em todas as premiações internacionais. É também eleita a melhor atleta do ano no feminino no Prêmio Brasil Olímpico.

2014 Após uma década, retorna à Unisanta, de Santos, e mantém sua base de treinamentos em São Paulo. Após um bom início de Copa do Mundo, o ano é marcado por uma lesão no pescoço, que a deixa de fora dos treinos por boa parte do segundo semestre.

2015 Ainda sob o efeito da lesão do ano anterior, não tem bom rendimento em treinos e competições. De maneira dramática, termina os 10 km do Mundial de Esportes Aquáticos na sexta posição e obtém classificação para os Jogos Olímpicos do Rio de Janeiro.

2016 Conquista a medalha olímpica de bronze nos 10 km no Rio de Janeiro, o único pódio obtido pela natação brasileira no evento e a primeira medalha da história da natação olímpica feminina do país. Termina o ano como vice-campeã da Copa do Mundo. Vence o Prêmio Brasil Olímpico de maratona aquática pela sexta vez e tem seu nome indicado pela terceira vez ao prêmio de melhor esportista do ano.

Números e principais conquistas

EM ÁGUAS ABERTAS

- **Jogos Olímpicos**

    2008 – Pequim (China)
    Sétima colocação nos 10 km (1h59min37s4).

    2012 – Londres (Inglaterra)
    Não completou a prova de 10 km.

    2016 – Rio de Janeiro (Brasil)
    Medalha de bronze nos 10 km (1h56min51s4).

- **Campeonatos Mundiais de Esportes Aquáticos**

    2007 – Melbourne (Austrália)
    Sexta colocação nos 5 km (1h00min48s7).
    Oitava colocação nos 10 km (2h04min09s1).

2009 – Roma (Itália)
Medalha de bronze nos 5 km (56min59s3).
Sétima colocação nos 10 km (2h01min41s5).

2011 – Xangai (China)
11ª colocação nos 5 km (1h00min48s3).
Sexta colocação nos 10 km (2h02min13s6).

2013 – Barcelona (Espanha)
Medalha de prata nos 5 km (56min34s4).
Medalha de ouro nos 10 km (1h58min19s2).
Medalha de bronze nos 5 km por equipes (54min03s3).

2015 – Kazan (Rússia)
Sexta colocação nos 10 km (1h58min28s8).

- **Campeonatos Mundiais de Águas Abertas**

   2006 – Nápoles (Itália)
   Medalha de prata nos 5 km (1h08min27s6).
   Medalha de prata nos 10 km (2h19min59s3).

   2008 – Sevilha (Espanha)
   Sexta colocação nos 10 km (2h02min13s5).

   2010 – Roberval (Canadá)
   Quarta colocação nos 5 km (1h02min02s7).
   Desclassificada nos 10 km.

- **Jogos Pan-Americanos**

   2007 – Rio de Janeiro (Brasil)
   Medalha de prata nos 10 km (2h13min48s4).

   2011 – Guadalajara (México)
   Medalha de prata nos 10 km (2h05min51s3).

- **Campeonato Pan-Pacífico**

   2010 – Irvine (Estados Unidos)
   Não completou a prova de 10 km.

- **Copa do Mundo de Maratona Aquática**

   2007
   2 ouros e 1 bronze em 5 etapas nadadas.
   (Terceira colocada no geral.)

2008

1 ouro em 2 etapas nadadas.

2009

9 ouros e 2 pratas em 11 etapas nadadas.
(Campeã geral.)

2010

1 etapa nadada.

2011

1 ouro e 1 prata em 2 etapas nadadas.

2012

1 etapa nadada.

2013

2 ouros em 4 etapas nadadas.

2014

1 ouro e 4 pratas em 5 etapas nadadas.
(Tinha pontuação suficiente para ser vice-campeã geral, mas não nadou o número mínimo de etapas exigido pelo regulamento.)

2015

1 bronze em 4 etapas nadadas.

2016

2 pratas e 1 bronze em 5 etapas nadadas.
(Vice-campeã geral.)

- **Troféu Maria Lenk**

  Medalha de ouro nos 5 km em 2014.

- **Travessia dos Fortes**

  Campeã em 2005, 2009, 2010 e vice em 2011.

- **Desafio Elite Rei e Rainha do Mar**

  Campeã em 2013, vice em 2010, 2012 e 2016, e quinta colocada em 2015.

PRÊMIOS

- Melhor nadadora do mundo em águas abertas pela Fina (2013).
- Melhor nadadora do mundo em águas abertas pela revista *Swimming World* (2013).
- Melhor atleta feminina do Brasil pelo COB (2013).
- Melhor nadadora em águas abertas do Brasil pelo COB (2006, 2007, 2009, 2011, 2013).
- Melhor nadadora em águas abertas do Brasil pelo Troféu Best Swimming (2007, 2009, 2011, 2013, 2016).
- Medalha do Mérito Aquático da CBDA (2009).

EM PISCINA

- **Campeonato Mundial de Piscina Curta**
  2002 – Moscou (Rússia)
  18ª colocação nos 800 m livre (8min47s99).

- **Jogos Mundiais Militares**
  2015 – Mungyeong (Coreia do Sul)
  Quinta colocação nos 400 m livre (4min15s64).
  Medalha de bronze nos 800 m livre (8min40s58).

- **Campeonato Sul-Americano**
  1998 – San Felipe (Venezuela)
  Medalha de bronze nos 400 m livre (4min30s25).
  Medalha de ouro nos 800 m livre (9min08s96).

  2000 – Mar del Plata (Argentina)
  Medalha de bronze nos 400 m livre (4min27s42).
  Quinta colocação nos 400 m *medley* (5min15s98).

  2002 – Belém (Brasil)
  Medalha de bronze nos 800 m livre (9min04s55).
  Medalha de bronze nos 1.500 m livre (17min23s80).
  Medalha de ouro no 4x200 m livre (8min26s94).

2006 – Medellín (Colômbia)
Medalha de prata nos 800 m livre (9min04s32).
Medalha de prata nos 1.500 m livre (17min14s39).

- **Copa Latina**

    1998 – Lisboa (Portugal)
    Quarta colocação nos 800 m livre (8min57s70).

- **Troféu Brasil/Troféu Maria Lenk**

    19 participações entre 1996 e 2016.

    200 m livre: 1 bronze em 5 participações.

    400 m livre: 3 ouros, 3 pratas e 4 bronzes em 18 participações.

    800 m livre: 9 ouros, 6 pratas e 2 bronzes em 19 participações.

    1.500 m livre: 11 ouros e 1 prata em 12 participações.

    400 m *medley*: 9 participações.

    4x100 m livre: 1 bronze em 3 participações.

    4x200 m livre: 5 ouros, 2 pratas e 2 bronzes em 14 participações.

    4x100 m *medley*: 1 participação.

- **Troféu José Finkel**

    19 participações entre 1996 e 2016.

    200 m livre: 11 participações.

    400 m livre: 1 ouro, 7 pratas e 3 bronzes em 18 participações.

    800 m livre: 11 ouros, 5 pratas e 2 bronzes em 19 participações.

    1.500 m livre: 8 ouros e 2 pratas em 11 participações.

    400 m *medley*: 5 participações.

    4x100 m livre: 2 participações.

    4x200 m livre: 3 ouros, 1 prata e 2 bronzes em 9 participações.

    4x100 m *medley*: 1 participação.

- **Melhores marcas**

    Piscina de 50 metros
    200 m livre: 2min03s57 (Troféu Maria Lenk, maio/2010).
    400 m livre: 4min13s56 (Troféu Maria Lenk, maio/2010).

800 m livre: 8min36s59 (Troféu Maria Lenk, maio/2010).
1.500 m livre: 16min26s90 (Troféu José Finkel, ago./2013) – recorde brasileiro vigente em jan./2017.
400 m *medley*: 5min06s33 (Troféu Maria Lenk, maio/2007).

Piscina de 25 metros
200 m livre: 2min01s34 (Troféu José Finkel, set./2010).
400 m livre: 4min10s06 (Copa do Mundo, set./2010).
800 m livre: 8min27s77 (Troféu José Finkel, set./2010).
1.500 m livre: 16min09s04 (Troféu José Finkel, set./2010) – recorde brasileiro vigente em jan./2017.
400 m *medley*: 4min55s25 (Troféu José Finkel, dez./2001).

Glossário

ABCD – Autoridade Brasileira de Controle de Dopagem. Entidade responsável pela implementação de uma política nacional de prevenção e de combate ao doping no Brasil.

ÁGUAS ABERTAS – Modalidade esportiva reconhecida e regulamentada pela Fina. Apesar de a entidade reconhecê-la como modalidade diferente da natação em piscina, é na essência um esporte de nado. Suas provas são disputadas em ambientes naturais, como mares, lagos e rios, e são de longa duração. Em competições da Fina, as distâncias reconhecidas oficialmente são 5 km, 10 km e 25 km.

CAMPEONATO MUNDIAL DE ÁGUAS ABERTAS – Torneio exclusivo para nadadores de águas abertas, foi organizado pela Fina de 2000 a 2010, nos anos pares.

CAMPEONATO MUNDIAL DE ESPORTES AQUÁTICOS – Principal competição organizada pela Fina, realizada a partir de 1973. Desde 2001, é disputada a cada dois anos, sempre em anos ímpares, e reúne os principais atletas das cinco disciplinas regidas pela entidade: natação, águas abertas, polo aquático, saltos ornamentais e nado sincronizado. Na natação, as provas são realizadas em piscina de 50 metros. Nas águas abertas, são disputadas as provas de 5 km, 10 km e 25 km, nas versões feminina e masculina, e a prova de 5 km por equipes, que mistura homens e mulheres.

CAMPEONATO MUNDIAL DE PISCINA CURTA – Competição de natação organizada pela Fina desde 1993, em anos ímpares, em piscina de 25 metros. Tem *status* inferior ao das disputas do Campeonato Mundial de Esportes Aquáticos, que são realizadas em piscina de 50 metros.

CAS – Corte Arbitral do Esporte. Entidade internacional criada para responder às disputas legais relacionadas a esportes.

CBDA – Confederação Brasileira de Desportos Aquáticos. Entidade que regulamenta os esportes aquáticos no Brasil.

COB – Comitê Olímpico Brasileiro. Entidade máxima do esporte no Brasil. É responsável por representar o país perante o COI e pela organização e pelo envio das delegações brasileiras aos Jogos Olímpicos, Pan-Americanos e Sul-Americanos, além de difundir os ideais olímpicos no Brasil.

COI – Comitê Olímpico Internacional. Autoridade suprema do movimento olímpico internacional. Organiza os Jogos Olímpicos de Verão, de Inverno e da Juventude.

COPA DO MUNDO DE MARATONA AQUÁTICA – Série anual de competições em águas abertas na distância de 10 km criada em 2007, cujo número de etapas, realizadas ao redor do mundo, vem variando de 7 a 12. Ao final do circuito, são apontados os melhores nadadores através de um sistema de pontos.

DOPING – Prática antiética de atletas que fazem uso de substâncias e métodos proibidos, dentro e fora de competições, para potencializar o desempenho.

FAP – Federação Aquática Paulista. Entidade regulamentadora da prática esportiva dos esportes aquáticos no estado de São Paulo.

FINA – Federação Internacional de Natação. Entidade reconhecida pelo COI responsável por regulamentar os esportes aquáticos e administrar competições internacionais.

INFANTIL – Na natação, até 1999, era a categoria correspondente à idade de 13 anos. A partir de então, corresponde às idades de 13 e 14 anos.

JOGOS OLÍMPICOS – Evento multiesportivo mundial, organizado pelo Comitê Olímpico Internacional. Também chamado de Olimpíada, possui as versões de Verão, de Inverno e da Juventude. Os Jogos Olímpicos de Verão, realizados desde 1896 a cada quatro anos, representam o principal evento do calendário para a grande maioria dos esportes, entre os quais natação e águas abertas.

JUVENIL – Na natação, até 1999, era a categoria correspondente às idades de 14 e 15 anos. A partir de então, corresponde às idades de 15 e 16 anos.

MARATONA AQUÁTICA – A Fina designa somente a prova de 10 km em águas abertas como maratona aquática, em analogia à maratona do atletismo, de 42 km e de duração semelhante entre os atletas de ponta (cerca de duas horas).

PETIZ – Na natação, categoria correspondente às idades de 11 (Petiz 1) e 12 (Petiz 2) anos.

PISCINA CURTA – Piscina de 25 metros, utilizada em diversas competições de natação. Recordes mundiais, continentais e nacionais em piscina curta são reconhecidos pela Fina.

PISCINA LONGA – Piscina de 50 metros. Também chamada de piscina olímpica, por ser utilizada em Jogos Olímpicos. Por esse motivo, é considerada mais nobre que a piscina curta.

PRÊMIO BRASIL OLÍMPICO – Principal premiação do esporte nacional, concedida pelo COB anualmente.

TROFÉU CHICO PISCINA – Campeonato brasileiro interfederativo das categorias Infantil e Juvenil. Realizado anualmente na cidade de Mococa, contando com as seleções de cada estado e participações internacionais das referidas categorias.

TROFÉU JOSÉ FINKEL – Ao lado do Troféu Maria Lenk, é o principal campeonato nacional adulto do país. Disputado anualmente desde 1971, desde o final da década de 1980 tem o caráter de campeonato brasileiro. Pode ser disputado em piscina de 25 ou de 50 metros.

TROFÉU MARIA LENK – Ao lado do Troféu José Finkel, é o principal campeonato nacional adulto do país. Disputado anualmente desde 1962, sempre em piscina de 50 metros. Até 2006, era chamado de Troféu Brasil.

WADA – Agência Mundial Antidoping. Organização independente criada pelo COI. Tem por objetivo coordenar a luta contra o doping. É responsável pelo Código Mundial Antidoping, documento-base para as regras antidoping de todos os esportes e países.

Bibliografia e fontes consultadas

Livros

DEVIDE, Fabiano Pries. *História das mulheres na natação brasileira no século XX*: das adequações às resistências sociais. Rio de Janeiro: Hucitec, 2012.
DUARTE, Orlando. *História dos esportes*. São Paulo: Senac, 2000.
LORD, Craig (ed.) *Aquatics 1908-2008*: Fina – Water is our World. 100 Years of Excellence in Sport. Lausanne: Fina, 2008.
Natação, saltos ornamentais, polo aquático & nado sincronizado. São Paulo: Sesi-SP, 2012.
RUBIO, Katia. *Atletas olímpicos brasileiros*. São Paulo: Sesi-SP, 2015.
WALLECHINSKY, David; LOUCKY, Jaime. *The Complete Book of the Olympics*. London: Aurum, 2008.

Artigos em revistas

DE LA PEÑA, Helio. "Maremoto". *IstoÉ*. n. 34, jun. 2011, pp. 40-7.
ÉPOCA 100: OS BRASILEIROS MAIS INFLUENTES DE 2009. *Época*. n. 603, 5 dez. 2009. Disponível em: <http://revistaepoca.globo.com/Revista/Epoca/0,,EMI108922-15228,00-EPOCA+OS+BRASILEIROS+MAIS+INFLUENTES+DE.html>. Acesso em: 31 jan. 2017.
GREVERS, Annie. "Waves of Talent to Compete in Rio's Waters". *Swimming World Magazine*: Rio Olympics Special Preview Edition. jul. 2016, p. 71.
LAYDEN, Tim. "Phelps Retires: The Greatest Olympian Ever Goes out on Top". *Sports Illustrated*. 26 dez. 2016. Disponível em: <http://www.si.com/olympics/2016/12/20/michael-phelps-retires-23-gold-medals-nicole-johnson-boomer>. Acesso em: 31 jan. 2017.

MIGUEZ, Luiza. "A Pit Bull". *Piauí*. n. 118, jul. 2016. Disponível em: <http://piaui.folha.uol.com.br/materia/a-pit-bull/>. Acesso em: 31 jan. 2017.
TAKATA, Daniel. "A dona do mundo". *Swim Channel*. n. 15, dez. 2013, pp. 28-32.
_____. "Princesas do mar". *Swim Channel*. n. 26, jul. 2016, p. 62.

Artigos em jornais

CAMPEÃ QUER MELHORAR A VIRADA. *Aquática paulista*. ano 3, n. 43, nov. 1996, p. 7.
LAJOLO, Mariana. "Sem pressão, maratonista aquática se diverte em prova e leva bronze". *Folha de S.Paulo*, 16 ago. 2016. Disponível em: <http://acervo.folha.uol.com.br/fsp/2016/08/16/870>. Acesso em: 31 jan. 2017.
LEISTER FILHO, Adalberto. "Disputa no fim mina prova de brasileiras". *Folha de S.Paulo*, 20 ago. 2008. Disponível em: <http://www1.folha.uol.com.br/fsp/esporte/fk2008200833.htm>. Acesso em: 31 jan. 2017.
LUCHETTI, Alessandro. "Poliana Okimoto, a nadadora movida a tapioca". *O Estado de S. Paulo*, 26 jul. 2013. Disponível em: <http://esportes.estadao.com.br/noticias/geral,poliana-okimoto-a-nadadora-movida-a-tapioca,1057714>. Acesso em: 31 jan. 2017.
POLIANA LAMENTA ESCAPADA ARGENTINA EM "ÁGUA MAIS QUENTE DA CARREIRA". *Jornal do Brasil*, 22 out. 2011. Disponível em: <http://www.jb.com.br/pan-americano-2011/noticias/2011/10/22/poliana-lamenta-escapada-argentina-em-agua-mais-quente-da-carreira>. Acesso em: 31 jan. 2017.

Páginas da internet

10 KM EVENT IN OPEN WATER SWIMMING AT THE BEIJING 2008 OLYMPIC GAMES, FINA PRESS RELEASE N. 70/2005. *Federation Internationale de Natation*. 27 out. 2005. Disponível em: <http://www.hkasa.org.hk/OLYMPIC%20NEWS.pdf>. Acesso em: 31 jan. 2017.
A UM ANO DOS JOGOS, BRASIL TEM 50 ATLETAS GARANTIDOS EM LONDRES. *Terra Esportes*, 26 jul. 2011. Disponível em: <https://esportes.terra.com.br/a-um-ano-dos-jogos-brasil-tem-50-atletas-garantidos-em-londres,26ccdf54763ba310VgnCLD200000bbcceb0aRCRD.html>. Acesso em: 31 jan. 2017.
ALVES, Eliana. "Poliana ganha bronze e quebra jejum brasileiro de 15 anos". *Confederação Brasileira de Desportos Aquáticos*, 21 jul. 2009. Disponível em: <http://www.cbda.org.br/cbda/maratonas/noticias/12533/poliana-ganha-bronze-e-quebra-jejum-brasileiro-de-15-anos>. Acesso em: 31 jul. 2017.
_____; SANTOS, Souza. "Poliana ganha outra prata e se candidata ao ouro no Pan Rio 2007". *Confederação Brasileira de Desportos Aquáticos*, 31 ago. 2006. Disponível em <http://www.cbda.org.br/cbda/maratonas/noticias/13797/poliana-ganha-outra-prata-e-se-candidata-ao-ouro-no-pan-rio-2007>. Acesso em: 31 jan. 2017.
ÁRBITRO DO PAN, BRASILEIRO EXPLICA POLÊMICAS DA MARATONA AQUÁTICA. *Terra Esportes*, 30 out. 2011. Disponível em: <https://esportes.terra.com.br/esportes-aquaticos/arbitro-no-pan-brasileiro-explica-polemicas-da-maratona-aquatica,542888cb71f9a310VgnCLD200000bbcceb0aRCRD.html>. Acesso em: 31 jan. 2017.
AUSTRALIAN PROFESSIONAL SWIMMER ALMOST DROWNS DUE TO DEHYDRATION. *EverymanTri*, 8 mar. 2009. Disponível em: <http://www.everymantri.com/everyman_triathlon/2009/08/australian-professional-swimmer-almost-drowns-due-to-dehydration.html>. Acesso em: 31 jan. 2017.
BARROS, Turibio. "Treinamento na altitude: estratégia mais elaborada garante benefícios". *Globo Esporte*, 2 abr. 2013. Disponível em: <http://globoesporte.globo.com/eu-atleta/saude/noticia/2013/04/treinamento-na-altitude-estrategia-mais-elaborada-garante-beneficios.html>. Acesso em: 31 jan. 2017.
BITTENCOURT, Bruna. "Nº 1 do *ranking* mundial, Poliana Okimoto relembra início difícil com o mar". *Vogue*, 31 jul. 2016. Disponível em: <http://vogue.globo.com/lifestyle/noticia/2016/07/n1-do-ranking-mundial-poliana-okimoto-relembra-inicio-dificil-com-o-mar.html>. Acesso em: 31 jul. 2017.
CASTRO, Luiz Felipe. "O drama de Poliana Okimoto: a medalha veio, o patrocínio se foi". *Veja*, 19 jan. 2017. Disponível em: <http://veja.abril.com.br/esporte/o-drama-de-poliana-okimoto-a-medalha-veio-o-patrocinio-se-foi>. Acesso em: 31 jan. 2017.

COLOMBARI, Emanuel. "Sem favoritismo, Poliana Okimoto chega a Londres 'amadurecida'". *Terra Esportes*, 31 jul. 2012. Disponível em: <https://esportes.terra.com.br/esportes-aquaticos/sem-favoritismo-poliana-okimoto-chega-a-londres-amadurecida,80ba7656124ba310VgnCLD200000bbcceb0aRC RD.html>. Acesso em: 31 jan. 2017.

COSSENZA, Alexandre; OLIVEIRA, Carol. "Escolha popular gera polêmica e vira alvo de queixas no Prêmio Brasil Olímpico". *Globo Esporte*, 22 dez. 2009. Disponível em: <http://globoesporte.globo.com/Esportes/Noticias/Olimpiadas/0,,MUL1423222-17698,00.html>. Acesso em: 31 jan. 2017.

DAS PISCINAS AO MAR DE PRÊMIOS. *Museu da Pessoa*, 15 mai. 2015. Disponível em <http://www.museudapessoa.net/pt/destaque/das-piscinas-ao-mar-de-premios>. Acesso em: 31 jan. 2017.

FRANCESCHINI, Gustavo; KONCHINSKI, Vinicius. "Ressaca destrói largada da maratona aquática; atletas sairão de outra balsa". *UOL Esporte*, 13 ago. 2016. Disponível em: <http://olimpiadas.uol.com.br/noticias/redacao/2016/08/13/ressaca-destroi-largada-da-maratona-aquatica-atletas-sairao-de-outra-balsa.htm>. Acesso em: 31 jan. 2017.

GISMONDI, Lydia. "Poliana passa mal, sofre hipotermia e abandona a prova do Pan-Pacífico". *Globo Esporte*, 22 ago. 2010. Disponível em: <http://globoesporte.globo.com/aquaticos/noticia/2010/08/poliana-passa-mal-sofre-hipotermia-e-abandona-prova-do-pan-pacifico.html>. Acesso em: 31 jan. 2017.

GOMES, Carla; CHRIST, Igor. "Musculação x treinamento funcional: como escolher o seu exercício ideal?". *Eu atleta*. Disponível em: <http://globoesporte.globo.com/eu-atleta/treinos/guia/musculacao-x-treinamento-funcional-como-escolher-o-seu-exercicio-ideal.html>. Acesso em: 31 jan. 2017.

LAJOLO, Mariana. "Campanha do Piauí para que Sarah Menezes leve prêmio do COB provoca polêmica". *UOL Esportes*, 15 dez. 2009. Disponível em: <http://esporte.uol.com.br/judo/ultimas-noticias/2009/12/15/campanha-do-piaui-para-que-sarah-menezes-leve-premio-do-cob-provoca-polemica.htm>. Acesso em: 31 jan. 2017.

MARTINS, Aretha. "Poliana quer projeto para novos atletas e 'Okimotinhos' após Olimpíadas do Rio". *IG Esporte*, 7 ago. 2013. Disponível em: <http://esporte.ig.com.br/maisesportes/natacaoeaquaticos/2013-08-07/poliana-quer-projeto-para-novos-atletas-e-okimotinhos-apos-olimpiadas-do-rio.html>. Acesso em: 31 jan. 2017.

MIRANDA, Leandro. "Garantida em Londres, Poliana critica Fina após desmaios na maratona". *Terra Esportes*, 19 jul. 2005. Disponível em: <https://esportes.terra.com.br/garantida-em-londres-poliana-critica-fina-apos-desmaios-na-maratona,e85cdf54763ba310VgnCLD200000bbcceb0aRCRD.html>. Acesso em: 31 jan. 2017.

MONCORVO, Carolina; NANTES, Beatriz. "Especial Swim Brasil: volta ao mundo com Poliana Okimoto". *Swim Brasil*, 8 mar. 2014. Disponível em: <http://www.swimbrasil.com.br/blog/2014/03/08/especial-swim-brasil-volta-ao-mundo-com-poliana-okimoto-capitulo-1>. Acesso em: 31 jan. 2017.

MUNATONES, Steve. "Aurélie Muller Disqualified on Last Stroke of Olympic 10K". *The Daily News of Open Water Swimming*, 15 ago. 2016. Disponível em: <http://dailynews.openwaterswimming.com/2016/08/Aurélie-muller-disqualified-on-last.html>. Acesso em: 31 jan. 2017.

NA BUSCA DE UM SONHO, POLIANA OKIMOTO SE RENDE ÀS TRAVESSIAS E PLANEJA DISPUTAR O CIRCUITO BRASILEIRO. *Assessoria Unimonte*, 19 dez. 2005. Disponível em: <https://www.swim.com.br/_antigo/noticias.php?id=23161>. Acesso em: 31 jan. 2017.

NAYARA LEDOUX QUEBRA RECORDE LENDÁRIO DE PATRICIA AMORIM. *Confederação Brasileira de Desportos Aquáticos*, 13 mar. 1999. Disponível em: <https://www.swim.com.br/_antigo/noticias.php?id=1387>. Acesso em: 31 jan. 2017.

ODAIBA. *Japan Guide*. Disponível em: <http://www.japan-guide.com/e/e3008.html>. Acesso em: 31 jan. 2017.

OLIVEIRA, Carol; ROCHA, Danielle. "Mãe de Poliana Okimoto colhe os frutos do investimento: 'tenho orgulho dela'". *Globo Esporte*, 21 out. 2009. Disponível em: <http://globoesporte.globo.com/Esportes/Noticias/Esportes_Aquaticos/0,,MUL1349134-16315,00-MAE+DE+POLIANA+OKIMOTO+COLHE+OS+FRUTOS+DO+INVESTIMENTO+TENHO+ORGULHO+DELA.html>. Acesso em: 31 jan. 2017.

POLIANA JUSTIFICA ERRO DE FRANCESA AO CANSAÇO: "NÃO CONSEGUE PENSAR". *SporTV*, 20 ago. 2016. Disponível em: <http://sportv.globo.com/site/programas/rio-2016/noticia/2016/08/poliana-justifica-erro-de-francesa-ao-cansaco-nao-consegue-pensar.html>. Acesso em: 31 jan. 2017.

POLIANA OKIMOTO: "NINGUÉM GANHA NADA DE VÉSPERA". *Wellido Teles Jornalismo & Assessoria de Comunicação*, 3 jul. 2007. Disponível em: <https://www.swim.com.br/_antigo/noticias.php?id=34354>. Acesso em: 31 jan. 2017.

POLIANA OKIMOTO ESTÁ PRONTA PARA ESTREAR NO CAMPEONATO BRASILEIRO DE MARATONAS AQUÁTICAS. *Assessoria Unimonte*, 16 mar. 2006. Disponível em: <https://www.swim.com.br/_antigo/noticias.php?id=24833>. Acesso em: 31 jan. 2017.

POLIANA OKIMOTO VOLTA A BRILHAR E GARANTE VAGA NO MUNDIAL DE MARATONAS AQUÁTICAS. *Assessoria Unimonte*, 26 jun. 2006. Disponível em: <https://www.swim.com.br/_antigo/noticias.php?id=27229>. Acesso em: 31 jan. 2017.

PROVA DE 10 KM: POLIANA OKIMOTO CLASSIFICADA PARA A OLIMPÍADA. *Suzana Schreiner Assessoria*, 19 jul. 2011. Disponível em: <https://www.swim.com.br/_antigo/noticias.php?id=52767>. Acesso em: 31 jan. 2017.

PUSSIELDI, Alexandre. "Dossiê da morte de Francis Crippen". *Best Swimming*, 28 out. 2010. Disponível em: <http://www.bestswim.com.br/2010/10/28/dossi-da-morte-de-francis-crippen-exclusivo-13220>. Acesso em: 31 jan. 2017.

_____. "O caminho da medalha olímpica de Poliana Okimoto". *Best Swimming*, 31 dez. 2016. Disponível em: <http://www.bestswim.com.br/2016/12/31/o-caminho-da-medalha-olimpica-de-poliana-okimoto>. Acesso em: 31 jan. 2017.

ROCHA, Danielle. "Poliana Okimoto vence o medo do mar e vira a rainha das maratonas aquáticas". *Globo Esporte*, 21 out. 2009. Disponível em: <http://globoesporte.globo.com/Esportes/Noticias/Esportes_Aquaticos/0,,MUL1346985-16315,00-POLIANA+OKIMOTO+VENCE+O+MEDO+DO+MAR+E+VIRA+A+RAINHA+DAS+MARATONAS+AQUATICAS.html>. Acesso em: 31 jan. 2017.

ROCHA, Danielle; CARNEIRO, Raphael. "Do quase ao pódio: Poliana é bronze após desclassificação de francesa". *Globo Esporte*, 15 ago. 2016. Disponível em: <http://globoesporte.globo.com/olimpiadas/natacao/noticia/2016/08/poliana-okimoto-perde-o-bronze-nos-ultimos-metros-ana-marcela-fica-em-11.html>. Acesso em: 31 jan. 2017.

ROMERO, Julian. "Poliana Okimoto retorna para a Unisanta em 2014". *Best Swimming*, 21 fev. 2014. Disponível em: <http://www.bestswim.com.br/2014/02/21/poliana-okimoto-retorna-para-a-unisanta-em-2014/>. Acesso em: 31 jan. 2017.

SOARES, Deca. "Prata com jeito de ouro". *Zero Hora*, 14 jul. 2007. Disponível em: <https://www.swim.com.br/_antigo/noticias.php?id=34686>. Acesso em: 31 jan. 2017.

TAKATA, Daniel. "O maior feito da história das águas abertas do Brasil". *Swim Channel*, 23 jul. 2013. Disponível em: <http://swimchannel.blogosfera.uol.com.br/2013/07/23/o-maior-feito-da-historia-das-aguas-abertas-do-brasil>. Acesso em: 31 jan. 2017.

TRAVESSIA DOS FORTES É MARCADA POR QUEBRA DE RECORDES. *Comitê Olímpico Brasileiro*, 20 nov. 2005. Disponível em: <http://timebrasil.homol.cob.org.br/noticias-tb/travessia-dos-fortes-e-marcada-por-quebra-de-recordes-033279>. Acesso em: 31 jan. 2017.

VICE-CAMPEÃ MUNDIAL, OKIMOTO COLOCA MARATONAS COMO PRIORIDADE. *UOL Esporte*, 4 set. 2006. Disponível em: <https://www.swim.com.br/_antigo/noticias.php?id=28673>. Acesso em: 31 jan. 2017.

Agradecimentos

Este livro não teria sido possível sem a decisiva contribuição de cinco pessoas: Helio de la Peña, com conversas que representaram a semente inicial e colaborações e sugestões fundamentais ao longo do processo; Poliana Okimoto e Ricardo Cintra, personagens principais sempre solícitos e comparecendo todo o tempo com inestimáveis apoio e incentivo; e Luciana Pinsky e professor Jaime Pinsky, da editora Contexto, que acreditaram desde o início no projeto.

Um agradecimento especial a Satiro Sodré, pelas fotos cedidas. Pelas entrevistas e informações passadas, agradeço também a (em ordem cronológica de contato) Ismar Barbosa, Igor de Souza, Luiz Lima, Fernando Vanzella, Fabiola Molina, Cleonice e Yoshio Okimoto, Patricia

Amorim, Monick Perez, Eduardo Candiota, Gustavo Calado, Catarina Ganzeli, Cesar Cielo, Matheus Bertazzoli, Gustavo Borges, Alexander Rehder, Ricardo Rivas e Lexie Kelly.

Por fim, agradeço a Shirley Takata, José Carlos Gomes, Luciana Takata Gomes e Ana Carolina Cerbone, pela dedicação na leitura e revisão dos originais e pelos amorosos companheirismo e paciência.

Daniel Takata Gomes

Notas

Capítulo "Fenômeno infantil"
1 "Campeã quer melhorar a virada", *Aquática Paulista*, ano 3, n. 43, nov. 1996, p. 7.

Capítulo "O mal que vem para o bem"
2 "Nayara Ledoux quebra recorde lendário de Patricia Amorim", *Confederação Brasileira de Desportos Aquáticos*, 13 mar. 1999, disponível em: <https://www.swim.com.br/_antigo/noticias.php?id=1387>, acesso em: 31 jan. 2017.

Capítulo "Muito mais que um treinador"
3 David Wallechinsky e Jaime Loucky, *The Complete Book of the Olympics*, London, Aurum, 2008, p. 918.
4 Carol Oliveira e Danielle Rocha, "Mãe de Poliana Okimoto colhe os frutos do investimento: 'Tenho orgulho dela'", *Globo Esporte*, 21 out. 2009, disponível em: <http://globoesporte.globo.com/Esportes/Noticias/Esportes_Aquaticos/0,,MUL1349134-16315,00-MAE+DE+POLIANA+OKIMOTO+COLHE+OS+FRUTOS+DO+INVESTIMENTO+TENHO+ORGULHO+DELA.html>, acesso em: 31 jan. 2017.

Capítulo "Mudando de (m)ares"

5   "10 km Event in Open Water Swimming at the Beijing 2008 Olympic Games, Fina Press Release n. 70/2005", *Federation Internationale de Natation*, 27 out. 2005, disponível em: <http://www.hkasa.org.hk/OLYMPIC%20NEWS.pdf>, acesso em: 31 jan. 2017.

Capítulo "Princesa do mar"

6   "Travessia dos Fortes é marcada por quebra de recordes", *Comitê Olímpico Brasileiro*, 20 nov. 2005, disponível em: <http://timebrasil.homol.cob.org.br/noticias-tb/travessia-dos-fortes-e-marcada-por-quebra-de-recordes-033279>, acesso em: 31 jan. 2017.

7   "Na busca de um sonho, Poliana Okimoto se rende às travessias e planeja disputar o Circuito Brasileiro", *Assessoria Unimonte*, 19 dez. 2005, disponível em: <https://www.swim.com.br/_antigo/noticias.php?id=23161>, acesso em: 31 jan. 2017.

8   "Poliana Okimoto está pronta para estrear no Campeonato Brasileiro de Maratonas Aquáticas", *Assessoria Unimonte*, 16 mar. 2006, disponível em: <https://www.swim.com.br/_antigo/noticias.php?id=24833>, acesso em: 31 jan. 2017.

9   "Poliana Okimoto volta a brilhar e garante vaga no Mundial de Maratonas Aquáticas", *Assessoria Unimonte*, 26 jun. 2006, disponível em: <https://www.swim.com.br/_antigo/noticias.php?id=27229>, acesso em: 31 jan. 2017.

10 Eliana Alves e Souza Santos, "Poliana ganha outra prata e se candidata ao ouro no Pan Rio 2007", *Confederação Brasileira de Desportos Aquáticos*, 31 ago. 2006, disponível em <http://www.cbda.org.br/cbda/maratonas/noticias/13797/poliana-ganha-outra-prata-e-se-candidata-ao-ouro-no-pan-rio-2007>, acesso em: 31 jan. 2017.

Capítulo "Sangue, suor e lágrimas"

11 Eliana Alves e Souza Santos, "Poliana ganha outra prata e se candidata ao ouro no Pan Rio 2007", *Confederação Brasileira de Desportos Aquáticos*, 31 ago. 2006, disponível em <http://www.cbda.org.br/cbda/maratonas/noticias/13797/poliana-ganha-outra-prata-e-se-candidata-ao-ouro-no-pan-rio-2007>, acesso em: 31 jan. 2017.

12 "Das piscinas ao mar de prêmios", *Museu da Pessoa*, 15 mai. 2015, disponível em <http://www.museudapessoa.net/pt/destaque/das-piscinas-ao-mar-de-premios>, acesso em: 31 jan. 2017.

13 "Vice-campeã mundial, Okimoto coloca maratonas como prioridade", *UOL Esporte*, 4 set. 2006, disponível em: <https://www.swim.com.br/_antigo/noticias.php?id=28673>, acesso em: 31 jan. 2017.

14 "Poliana Okimoto: 'ninguém ganha nada de véspera'", *Wellido Teles Jornalismo & Assessoria de Comunicação*, 3 jul. 2007, disponível em: <https://www.swim.com.br/_antigo/noticias.php?id=34354>, acesso em: 31 jan. 2017.

15 Deca Soares, "Prata com jeito de ouro", *Zero Hora*, 14 jul. 2007, disponível em: <https://www.swim.com.br/_antigo/noticias.php?id=34686>, acesso em: 31 jan. 2017.

Capítulo "Lições de Pequim"

16 Adalberto Leister Filho, "Disputa no fim mina prova de brasileiras", *Folha de S.Paulo*, 20 ago. 2008, disponível em: <http://www1.folha.uol.com.br/fsp/esporte/fk2008200833.htm>, acesso em: 31 jan. 2017.

Capítulo "Pioneirismo"

17 *Natação, saltos ornamentais, polo aquático & nado sincronizado*, São Paulo, Sesi-SP, 2012, p. 55.

18 Eliana Alves, "Poliana ganha bronze e quebra jejum brasileiro de 15 anos", *Confederação Brasileira de Desportos Aquáticos*, 21 jul. 2009, disponível em: <http://www.cbda.org.br/cbda/maratonas/noticias/12533/poliana-ganha-bronze-e-quebra-jejum-brasileiro-de-15-anos>, acesso em: 31 jul. 2017.

19 "Época 100 – Os brasileiros mais influentes de 2009", *Época*, n. 603, 5 dez. 2009, disponível em: <http://revistaepoca.globo.com/Revista/Epoca/0,,EMI108922-15228,00-EPOCA+OS+BRASILEIROS+MAIS+INFLUENTES+DE.html>, acesso em: 31 jan. 2017.

Capítulo "O papel do ídolo"

[20] Tim Layden, "Phelps Retires: The Greatest Olympian Ever Goes Out on Top", *Sports Illustrated*, 26 dez. 2016, disponível em: <http://www.si.com/olympics/2016/12/20/michael-phelps-retires-23-gold-medals-nicole-johnson-boomer>, acesso em: 31 jan. 2017.

Capítulo "Águas turbulentas"

[21] Alexandre Pussieldi, "Dossiê da morte de Francis Crippen", *Best Swimming*, 28 out. 2016, disponível em: <http://www.bestswim.com.br/2010/10/28/dossi-da-morte-de-francis-crippen-exclusivo-13220>, acesso em: 31 jan. 2017.
[22] Luiz Felipe Castro, "O drama de Poliana Okimoto: a medalha veio, o patrocínio se foi", *Veja*, 19 jan. 2017, disponível em: <http://veja.abril.com.br/esporte/o-drama-de-poliana-okimoto-a-medalha-veio-o-patrocinio-se-foi>, acesso em: 31 jan. 2017.
[23] Helio de la Peña, "Maremoto", *IstoÉ*, 2016, 34, jun. 2011, p. 46.
[24] Flavia Delaroli, "Entrevista com Poliana Okimoto", *ESPN*, 8 mar. 2016, disponível em: <http://espnw.ESPN.uol.com.br/entrevista-com-poliana-okimoto-por-flavia-delaroli/>, acesso em: 31 jan. 2017.

Capítulo "Temperaturas extremas"

[25] Lydia Gismondi, "Poliana passa mal, sofre hipotermia e abandona a prova do Pan-Pacífico", *Globo Esporte*, 22 ago. 2010, disponível em: <http://globoesporte.globo.com/aquaticos/noticia/2010/08/poliana-passa-mal-sofre-hipotermia-e-abandona-prova-do-pan-pacifico.html>, acesso em: 31 jan. 2017.
[26] Leandro Miranda, "Garantida em Londres, Poliana critica Fina após desmaios na maratona", em *Terra Esportes*, 19 jul. 2005, disponível em: <https://esportes.terra.com.br/garantida-em-londres-poliana-critica-fina-apos-desmaios-na-maratona,e85cdf54763ba310VgnCLD200000bbcceb0aRCRD.html>, acesso em: 31 jan. 2017.
[27] "A um ano dos Jogos, Brasil tem 50 atletas garantidos em Londres", *Terra Esportes*, 26 jul. 2011, disponível em: <https://esportes.terra.com.br/a-um-ano-dos-jogos-brasil-tem-50-atletas-garantidos-em-londres,26ccdf54763ba310VgnCLD200000bbcceb0aRCRD.html>, acesso em: 31 jan. 2017.
[28] "Prova de 10 km: Poliana Okimoto classificada para a Olimpíada", em *Suzana Schreiner Assessoria*, 19 jul. 2011, disponível em: <https://www.swim.com.br/_antigo/noticias.php?id=52767>, acesso em: 31 jan. 2017.
[29] "Poliana lamenta escapada argentina em 'água mais quente' da carreira", *Jornal do Brasil*, 22 out. 2011, disponível em: <http://www.jb.com.br/pan-americano-2011/noticias/2011/10/22/poliana-lamenta-escapada-argentina-em-agua-mais-quente-da-carreira>, acesso em: 31 jan. 2017.
[30] "Árbitro do Pan, brasileiro explica polêmicas da maratona aquática", *Terra Esportes*, 30 out. 2011, disponível em: <https://esportes.terra.com.br/esportes-aquaticos/arbitro-no-pan-brasileiro-explica-polemicas-da-maratona-aquatica,542888cb71f9a310VgnCLD200000bbcceb0aRCRD.html>, acesso em: 31 jan. 2017.

Capítulo "A grande frustração"

[31] Emanuel Colombari, "Sem favoritismo, Poliana Okimoto chega a Londres 'amadurecida'", *Terra Esportes*, 31 jul. 2012, disponível em: <https://esportes.terra.com.br/esportes-aquaticos/sem-favoritismo-poliana-okimoto-chega-a-londres-amadurecida,80ba7656124ba310VgnCLD200000bbcceb0aRCRD.html>, acesso em: 31 jan. 2017.
[32] "Australian Professional Swimmer Almost Drowns Due to Dehydration", *EverymanTri*, 8 mar. 2009, disponível em: <http://www.everymantri.com/everyman_triathlon/2009/08/australian-professional-swimmer-almost-drowns-due-to-dehydration.html>, acesso em: 31 jan. 2017.
[33] "Das piscinas ao mar de prêmios", *Museu da Pessoa*, 15 mai. 2015, disponível em <http://www.museudapessoa.net/pt/destaque/das-piscinas-ao-mar-de-premios>, acesso em: 31 jan. 2017.

Capítulo "Voltando à vida"

[34] Alessandro Luchetti, "Poliana Okimoto, a nadadora movida a tapioca", *O Estado de S. Paulo*, 26 jul. 2013, disponível em: <http://esportes.estadao.com.br/noticias/geral,poliana-okimoto-a-nadadora-movida-a-tapioca,1057714>, acesso em: 31 jan. 2017.

[35] Carla Gomes e Igor Christ, "Musculação x treinamento funcional: como escolher o seu exercício ideal?", *Eu Atleta*, disponível em: <http://globoesporte.globo.com/eu-atleta/treinos/guia/musculacao-x-treinamento-funcional-como-escolher-o-seu-exercicio-ideal.html>, acesso em: 31 jan. 2017.

Capítulo "No topo do Brasil olímpico"

[36] Mariana Lajolo, "Campanha do Piauí para que Sarah Menezes leve prêmio do COB provoca polêmica", em *UOL Esportes*, 15 dez. 2009, disponível em: <http://esporte.uol.com.br/judo/ultimas-noticias/2009/12/15/campanha-do-piaui-para-que-sarah-menezes-leve-premio-do-cob-provoca-polemica.htm>, acesso em: 31 jan. 2017.

[37] Alexandre Cossenza e Carol Oliveira, "Escolha popular gera polêmica e vira alvo de queixas no Prêmio Brasil Olímpico", *Globo Esporte*, 22 dez. 2009, disponível em: <http://globoesporte.globo.com/Esportes/Noticias/Olimpiadas/0,,MUL1423222-17698,00.html>, acesso em: 31 jan. 2017.

Capítulo "Dúvidas e incertezas"

[38] Julian Romero, "Poliana Okimoto retorna para a Unisanta em 2014", *Best Swimming*, 21 fev. 2014, disponível em: <http://www.bestswim.com.br/2014/02/21/poliana-okimoto-retorna-para-a-unisanta-em-2014/>, acesso em: 31 jan. 2017.

Capítulo "Dedicação"

[39] Carolina Moncorvo e Beatriz Nantes, "Especial Swim Brasil: volta ao mundo com Poliana Okimoto", *Swim Brasil*, 8 mar. 2014, disponível em: <http://www.swimbrasil.com.br/blog/2014/03/08/especial-swim-brasil-volta-ao-mundo-com-poliana-okimoto-capitulo-1>, acesso em: 31 jan. 2017.

Capítulo "Ajustes finais"

[40] Turibio Barros, "Treinamento na altitude: estratégia mais elaborada garante benefícios", *Globo Esporte*, 2 abr. 2013, disponível em: <http://globoesporte.globo.com/eu-atleta/saude/noticia/2013/04/treinamento-na-altitude-estrategia-mais-elaborada-garante-beneficios.html>, acesso em: 31 jan. 2017.

[41] Gustavo Franceschini e Vinicius Konchinski, "Ressaca destrói largada da maratona aquática; atletas sairão de outra balsa", em *UOL Esporte*, 13 ago. 2016, disponível em: <http://olimpiadas.uol.com.br/noticias/redacao/2016/08/13/ressaca-destroi-largada-da-maratona-aquatica-atletas-sairao-de-outra-balsa.htm>, acesso em: 31 jan. 2017.

Capítulo "A prova olímpica"

[42] Danielle Rocha e Raphael Carneiro, "Do quase ao pódio: Poliana é bronze após desclassificação de francesa", *Globo Esporte*, 15 ago. 2016, disponível em: <http://globoesporte.globo.com/olimpiadas/natacao/noticia/2016/08/poliana-okimoto-perde-o-bronze-nos-ultimos-metros-ana-marcela-fica-em-11.html>, acesso em: 31 jan. 2017.

[43] Annie Grevers, "Waves of talent to compete in Rio's waters", *Swimming World Magazine*: Rio Olympics Special Preview Edition, jul. 2016, p. 71.

[44] Alexandre Pussieldi, "O caminho da medalha olímpica de Poliana Okimoto", *Best Swimming*, 31 dez. 2016, disponível em: <http://www.bestswim.com.br/2016/12/31/o-caminho-da-medalha-olimpica-de-poliana-okimoto>, acesso em: 31 jan. 2017.

Capítulo "Consagração"

[45] Steve Munatones, "Aurélie Muller Disqualified on Last Stroke of Olympic 10K", *The Daily News of Open Water Swimming*, 15 ago. 2016, disponível em: <http://dailynews.openwaterswimming.com/2016/08/Aurélie-muller-disqualified-on-last.html>, acesso em: 31 jan. 2017.

[46] "Poliana justifica erro de francesa ao cansaço: 'não consegue pensar'", *SporTV*, 20 ago. 2016, disponível em: <http://sportv.globo.com/site/programas/rio-2016/noticia/2016/08/poliana-justifica-erro-de-francesa-ao-cansaco-nao-consegue-pensar.html>, acesso em: 31 jan. 2017.

[47] Danielle Rocha, "Poliana Okimoto vence o medo do mar e vira a rainha das maratonas aquáticas", *Globo Esporte*, 21 out. 2009, disponível em: <http://globoesporte.globo.com/Esportes/Noticias/Esportes_Aquaticos/0,,MUL1346985-16315,00-POLIANA+OKIMOTO+VENCE+O+MEDO+DO+MAR+E+VIRA+A+RAINHA+DAS+MARATONAS+AQUATICAS.html>, acesso em: 31 jan. 2017.

Capítulo "Pílulas para o sucesso"

[48] "Odaiba", em *Japan Guide*, disponível em: <http://www.japan-guide.com/e/e3008.html>, acesso em: 31 jan. 2017.

Capítulo "Por uma natação melhor"

[49] Flavia Delaroli, "Entrevista com Poliana Okimoto", *ESPN*, 8 mar. 2016, disponível em: <http://espnw.espn.uol.com.br/entrevista-com-poliana-okimoto-por-flavia-delaroli/>, acesso em: 31 jan. 2017.

[50] Breno França, "José Roberto Guimarães: homens que você deveria conhecer #56", *Papo de Homem*, 3 ago. 2016, disponível em: <https://papodehomem.com.br/jose-roberto-guimaraes-or-homens-que-voce-deveria-conhecer-56/>, acesso em: 31 jan. 2017.

[51] "Poliana Okimoto vê ausência de projeto para maratonas aquáticas", *Agência Estado*, 9 dez. 2013, disponível em: <http://www.bonde.com.br/esportes/outras-modalidades/poliana-okimoto-ve-ausencia-de-projeto-para-maratonas-aquaticas-303729.html>, acesso em: 31 jan. 2017.

[52] Alexandre Pussieldi, "Brasil, campeão mundial de águas abertas...?", *Best Swimming*, 31 dez. 2013, disponível em: <http://www.bestswim.com.br/especial-2013/brasil-campeao-mundial-de-aguas-abertas/>, acesso em: 31 jan. 2017.

[53] Edgard Matsuki, "Marido-técnico fez Poliana Okimoto migrar da piscina para o mar", *EBC Agência Brasil*, 16 ago. 2016, disponível em: <http://agenciabrasil.ebc.com.br/rio-2016/noticia/2016-08/medalhista-poliana-migrou-da-piscina-para-o-mar-apos-imposicao-de-marido>, acesso em: 31 jan. 2017.

Os autores

Daniel Takata Gomes atua na área de jornalismo esportivo especializado em natação competitiva desde 2000. Atuou como colaborador dos sites *Swim It Up!* e *Best Swimming*, das revistas *Natação Hammerhead*, *Aqua Sports* e *Tri Sport* e da Rádio Bradesco Esportes FM. Desde 2010, está na revista *Swim Channel* e cobriu *in loco*, entre outros eventos, os Jogos Olímpicos de 2012 e 2016, o Campeonato Mundial de Esportes Aquáticos de 2013 e o Prêmio Laureus de 2013. É comentarista do canal SporTV desde 2012. Venceu por três anos (2011, 2012 e 2013) o concurso de textos da Federação Internacional de Natação (Fina). É estatístico com mestrado pela Universidade Estadual de Campinas (Unicamp) e doutorando pela Universidade de São Paulo (USP).

Helio de la Peña é humorista e um dos fundadores do grupo Casseta & Planeta. Foi um dos redatores do programa *TV Pirata*. Criador, redator e ator do programa *Casseta & Planeta, urgente!*, exibido pela Rede Globo de 1992 a 2012. Participou da cobertura de todas as Copas do Mundo de 1994 a 2010 pelo programa *Casseta & Planeta, urgente!*, além da Copa de 2014 e dos Jogos Olímpicos de 2016 pelo canal SporTV. Atleta amador, é integrante da equipe Gladiadores, tricampeã da Copa Brasil Master de Águas Abertas, em 2014, 2015 e 2016. Um dos seus grandes orgulhos na vida esportiva foi ter nadado a Travessia dos Fortes de 2010 ao lado da Poliana. Quer dizer, ao lado não: lá atrás, bem atrás!

GRÁFICA PAYM
Tel. [11] 4392-3344
paym@graficapaym.com.br